体育学教学与实践丛书

体育人才创业教育与创新思维

Tiyu Rencai Chuangye Jiaoyu yu Chuangxin Siwei

唐　定◇编著

华中科技大学出版社
http://www.hustp.com
中国·武汉

内容简介

大力开展大学生创新创业实训活动，是高校构建适应时代发展要求的全新人才培养模式的重要手段。《体育人才创业教育与创新思维》是在总结多年大学生创新创业活动指导和实践经验的基础上，按照当代大学生创新创业培养要求，结合体育院校大学生的学习特点，运用案例分析法，编写的一本指导体育院校创新创业实训的书籍，希冀能为目前体育院校发展创新创业实训活动提供有益的参考和借鉴。

图书在版编目(CIP)数据

体育人才创业教育与创新思维/唐定编著. —武汉：华中科技大学出版社，2022.4
(体育学教学与实践丛书)
ISBN 978-7-5680-6046-2

Ⅰ. ①体… Ⅱ. ①唐… Ⅲ. ①体育院校-大学生-创业-研究 Ⅳ. ①G647.38

中国版本图书馆 CIP 数据核字(2022)第 036348 号

体育人才创业教育与创新思维 唐 定 编著
Tiyu Rencai Chuangye Jiaoyu yu Chuangxin Siwei

策划编辑：周晓方 杨 玲
责任编辑：庹北麟
封面设计：原色设计
责任校对：张汇娟
责任监印：周治超
出版发行：华中科技大学出版社(中国·武汉) 电话：(027)81321913
武汉市东湖新技术开发区华工科技园 邮编：430223
录 排：华中科技大学惠友文印中心
印 刷：武汉科源印刷设计有限公司
开 本：710mm×1000mm 1/16
印 张：7.75 插页：2
字 数：137 千字
版 次：2022 年 4 月第 1 版第 1 次印刷
定 价：39.90 元

Preface

前言

为了摸清我国高校体育人才创新创业教育的现状，总结实践经验，更好地支持高校构建适合体育人才创新创业培育的生态环境，助推“双创”的发展，我们以体育类院校和综合类、师范类院校为研究单元，在我国高校创新创业教育管理者和体育专业大学生范围内开展深入的调研，以实际调研数据为基础，结合案例分析和专家访谈等进行理论分析和观点提炼，形成了《体育人才创业教育与创新思维》一书。

本书分为八章：第一章为绪论部分，介绍了本书的选题背景、研究目的和意义、研究对象和研究方法，对相关概念和体育类院校创新创业教育文献进行了简要的归纳总结；第二章对创新创业的政策及法律法规进行了整理与分析；第三章对国外高校创新创业教育方式及经验进行了梳理，分别从美国、英国、日本和德国四个国家的创新创业教育发展历程、培养体系、教育模式等方面进行了分析和总结；第四章对体育人才创业教育与创新思维培养现状进行调查，分析了高校创新创业现状；第五章结合前文的研究与分析，总结了高等体育类院校创新创业教育存在的主要问题，并提出了相应的解决思路；第六章致力于构建创新创业人才培养体系与保障机制，为进一步促进体育人才创新创业教育发展提出了相关建议；第七章介绍了国内三所院校创新创业的实例，对当前我国高校体育人才创新创业教育的主要模式和实践案例进行了分析和总结；第八章从国家、高校、个体层面就今后创新创业教育的路径进行了探索，为进一步促进我国体育人才创新创业教育发展提出了相关建议。

本书对高校体育人才创新创业教育的开展、创业投资和创业孵化体系的建设有一定的指导和借鉴作用，对高等教育的高质量发展有较重要的参考价值。

Contents

目录

第一章 绪论

体育人才创业教育与创新思维培养，实际上是通过高校创新创业教育来帮助体育专业学生提升其创新创业的综合素质。本章首先介绍了体育人才创业教育与创新思维培养的宏观背景，在此基础上阐释该研究课题的目的与意义，对体育人才、创业教育、创新思维的内涵进行了界定，并对高校创新创业教育有关的研究文献做了简单的综述，确定了 9 所院校的体育专业大学生为本书的研究对象，以及采用问卷调查、访谈等研究方法。

第一节 研究缘起

党的十八大提出实施创新驱动发展战略，十八届五中全会提出“创新、协调、绿色、开放、共享”的新发展理念，指出必须把创新摆在国家发展全局的核心位置。全民健身国家战略与健康中国战略的陆续提出将体育事业与体育产业的发展推向新阶段。体育产业发展迅速，传统的体育人才供给无法满足市场的需要。高校在创新创业教育转型升级时期，要抓住机遇，大力提升创新创业体育人才培养水平，培养一批高素质、高水平、适应时代发展与环境变化的创新创业体育人才。

一、适应创新驱动发展战略的需要

创新驱动发展战略是党中央、国务院在党的十八大做出的放眼世界、立足全局、面向未来的重大战略决策。实施创新驱动发展战略，加快实现由低成本优势向创新优势的转换，可以为我国持续发展提供强大动力，对我国形成国际竞争新优势、增强发展的长期动力具有战略意义，对我国提高经济增长的质量和效益、加快转变经济发展方式具有现实意义。

创新是引领发展的第一动力，人才是支撑创新发展的第一资源。加快推进创新驱动发展，离不开坚实的人才保障。2015 年 3 月，为深化体制机制改革，加快实施创新驱动发展战略，中共中央国务院印发了《关于深化体制机制改革加快实施创新驱动发展战略的若干意见》(以下简称《意见》)。《意见》在"总体思路和主要目标"部分指出坚持人才为先。要把人才作为创新的第一资源，更加注重培养、用好、吸引各类人才，促进人才合理流动、优化配置，创新人才培养模式；更加注重强化激励机制，给予科技人员更多的利益回报和精神鼓励；更加注重发挥企业家和技术技能人才队伍创新作用，充分激发全社会的创新活力。在构建创新型人才培养模式方面，《意见》提出：开展启发式、探究式、研究式教学方法改革试点，弘扬科学精神，营造鼓励创新、宽容失败的创新文化。改革基础教育培养模式，尊重个性发展，强化兴趣爱好和创造性思维培养。以人才培养为中心，着力提高本科教育质量，加快部分普通本科高等学校向应用技术型高等学校转型，开展校企联合招生、联合培养试点，拓展校企合作育人的途径与方式。一定的社会教育总是为一定的社会经济条件所决定并为其服务的，经济的发展必定推动对人才需求的扩张和升级。在创新驱动发展战略背景下，人才越来越受到重视，创新创业型人才的培养也愈发紧迫。

深入实施创新驱动发展战略，营造"大众创业、万众创新"的良好局面，重在人才"破茧"，把人才培养作为着力点。大众创业，教育先行；万众创新，文化先行。没有创新的人才，不可能有创业的成功；没有创新的教育，不可能有创新的人才。

在 2019 年 9 月 2 日举行的国务院政策例行吹风会上，相关人士表示，力争到 2035 年将我国体育产业发展成国民经济支柱性产业。体育产业是体育活动的衍生产物，是体育价值不断提升的必然结果。我国体育产业起步较晚，但发展很快，近年来其规模不断扩大，产业效益明显增强，已经成为国民经济产业体系的重要组成部分。发展体育产业已成为国家扩大内需、拉动就业、推进经济社会可持续发展的重要举措，对增强国家文化竞争力、提升综合国力具有重大意义。产业的发展必然离不开人才，而高等院校在体育人才的培养中扮演着重要角色。创新驱动发展战略的提出、"大众创业、万众创新"的开展，对推动高校内涵式发展、全面提高体育创新创业型人才培养质量提出了新的更高要求。高校是培养体育人才的重要基地，培养体育人才也是高校的重大任务。以企业为主体，以市场为导向，对传统的体育人才培养模式进行改造、改进和改革，着力构建校政企一体化、产学研相结合的体育人才培养模式，是高校培养应用型体育人才的重要途径。

二、适应全民健身国家战略和健康中国战略的需要

2014 年，国务院印发的《关于加快发展体育产业促进体育消费的若干意见》首次提出将全民健身上升为国家战略。2015 年，党的十八届五中全会通过的《中共中央关于制定国民经济和社会发展第十三个五年规划的建议》提出推进健康中国建设，特别提出要"发展体育事业，推广全民健身，增强人民体质"，简称 18 字方针。2016 年，《全民健身计划(2016—2020 年)》出台，意在让全体人民共享体育发展成果，促进全国城乡各地的人民，人人参与，人人健身，人人快乐，人人健康，人人幸福。其基本目标是针对人民群众多元化的健身需求，统筹全面健身公共服务体系建设，努力提高全面健康水平；其实质是构建全民健康和全民健身型社会；其核心内容是实现"十三五"规划建议提出的 18 字方针。[①] 2016 年 10 月 25 日，中共中央、国务院印发了《"健康中国 2030"规划纲要》(以下简称《规划》)。《规划》指出，"共建共享、全民健康"是建设健康中国的战略主题，提高全民身体素质须继续制定实施全民健身计划，普及科学健身知识和健身方法，推动全民健身生活化。《规划》对体育的发展及其在全民健身中的作用提出了更高的要求，对体育人才的创新能力也提出了更高的要求。这些要求必将推动体育产业向更高层次发展，同时必将促进体育人才培养模式的变革。

《规划》提出，要发展健康服务新业态，积极促进健康与养老、旅游、互联网、健身休闲、食品融合，催生健康新产业、新业态、新模式；积极发展健身休闲运动产业，鼓励发展多种形式的体育健身俱乐部，丰富业余体育赛事，积极

---

① 胡鞍钢. 全民健身促健康全民健康促小康[EB/OL]. http://www.gov.cn/xinwen/2016-08/20/content_5100963.htm,2016-08-20。

培育冰雪、山地、水上、汽摩、航空、极限等具有消费引领特征的时尚休闲运动项目。体育健康产业和运动康复产业的兴起，将需要更多创新创业体育人才的加入。这类人才不仅能胜任某一个领域的工作，而且在其他领域也有一定的能力。因此，休闲体育、体育康复及体育旅游等相关产业的兴起，要求体育人才具备较高的体育技能水平，同时具备一定的医疗健康知识和社会与管理学专业知识。例如，随着全民健身的深入开展，今后会有更多亚健康状态人群和特殊人群参加运动健身，如各类慢性病人群通过运动干预提升身体健康水平，因此需要更多具备医学知识的体育健身指导者加入全民健身工作中，对这种具有综合能力的体育人才的需求将增大。统计表明，截至 2015 年底，我国共有 446 所高校设置了 852 个体育学类本科专业点，分别为体育教育专业、社会体育指导与管理专业、运动训练专业、武术与民族传统体育专业、运动人体科学专业、休闲体育专业和运动康复专业等。按照我们对未来体育人才的理解和要求，体育教育专业、运动训练专业、运动人体科学专业、运动康复专业等领域的人才既要有较好的运动技能，又应具备一定的医学保健知识；社会体育指导与管理专业、休闲体育专业等领域的人才既要有一定的运动专项技能水平，也要有全面的社会学和管理学知识。

一系列与健康和体育发展相关的政策将推动体育产业的快速发展和升级，并增加对创新创业体育人才的需求。因此，在实施全民健身国家战略和健康中国战略背景下，高校体育人才的培养模式必须进行改革以适应社会经济发展对体育人才的需求。

三、适应高校创新创业教育转型升级的需要

习近平总书记在致 2013 年全球创业周中国站活动组委会的贺信中强调："创新是社会进步的灵魂，创业是推动经济社会发展、改善民生的重要途径。青年学生富有想象力和创造力，是创新创业的有生力量。"创新创业型人才培养的重要基地是高校，加强创新创业教育，是推进高等教育综合改革、提高人才培养质量的重要举措。近年来，高校在国家政策的指导下，不断加强创新创业教育，对提高高等教育质量、促进学生全面发展、推动毕业生创业就业、服务经济社会发展发挥了重要作用。在创新创业新形势下，高校必须着眼长远、聚焦聚力，下大力气解决存在的问题，进一步加强创新创业教育。

自 1999 年公布《面向 21 世纪教育振兴行动计划》以来，加强对教师和学生的创业教育，鼓励他们自主创办高新技术企业的导向促使我国高等学校加

强了对创业人才的培养力度。加强培养高素质创业型人才已是我国高等教育教学模式和培养体系改革的新趋势。2002 年，教育部高等教育司召开了普通高等学校创业教育试点工作座谈会，提出对大学生进行创业教育，培养具有创新精神和创业能力的高素质人才。2007 年，《教育部人事部劳动保障部关于积极做好 2008 年普通高等学校毕业生就业工作的通知》提出要"实施'高校毕业生创业行动'，促进以创业带动就业。各地和高校要及时总结和推广高校毕业生创业的典型和经验，以多种形式开展创业教育，大力倡导创业精神，培养创业能力"。2010 年公布的《国家中长期教育改革和发展规划纲要(2010-2020 年)》提出："充分发挥高校在国家创新体系中的重要作用，鼓励高校在知识创新、技术创新、国防科技创新和区域创新中作出贡献。"2010 年，教育部印发《关于大力推进高等学校创新创业教育和大学生自主创业工作的意见》，指出推进高等学校创新创业教育要以改革人才培养模式和课程体系为重点，不断提高人才培养质量。2015 年国务院办公厅印发的《关于深化高等学校创新创业教育改革的实施意见》指出："从 2015 年起全面深化高校创新创业教育改革。2017 年取得重要进展，形成科学先进、广泛认同、具有中国特色的创新创业教育理念，形成一批可复制可推广的制度成果，普及创新创业教育，实现新一轮大学生创业引领计划预期目标。到 2020 年建立健全课堂教学、自主学习、结合实践、指导帮扶、文化引领融为一体的高校创新创业教育体系，人才培养质量显著提升，学生的创新精神、创业意识和创新创业能力明显增强，投身创业实践的学生显著增加。"2018 年 9 月，国务院印发的《关于推动创新创业高质量发展打造"双创"升级版的意见》强调："在全国高校推广创业导师制，把创新创业教育和实践课程纳入高校必修课体系，允许大学生用创业成果申请学位论文答辩。"

2017 年，《人民日报》发表文章《创新创业教育，亟需"升级版"》。据文章介绍，高校创新创业教育改革已取得显著成效，大力推进双创教育已成为全社会的共识，截至 2017 年，已有 20 个省以省政府名义，11 个省以教育部门名义，制订并向社会公布了创新创业教育改革实施方案，部分省市高校普遍成立了创新创业学院，一些地方和高校建设了一批大学生创业园、创业孵化基地和实践基地，各地面向大学生开展的创新创业赛事已达百余项，通过各有关部门和各有关高校的共同努力，初步建设形成了创新创业教育组织、体系、机制和教育教学条件，为进一步深化创新创业教育奠定了良好的基础，并初步形成了一批可复制、可推广的制度成果和先进经验。

四、改善体育人才供需现状的需要

发展体育事业和产业是增强国民身体素质的必然要求，体育也在满足群众丰富的体育需求、扩大内需、培育新的经济增长点等方面发挥了重要作用。然而体育事业和产业存在人才流失严重、复合型体育专业人才匮乏、创新型体育产业人才缺口大等问题，体育人才不能满足当下体育事业和体育产业发展的需要，呈现供需不足的情况。

体育人才流失严重。《体育产业发展"十三五"规划》提出，要在坚持改革引领、市场主导、创新驱动和协调发展的基本原则下，实现体育产业总规模超过3万亿、从业人员数超过600万人、产业增加值在国内生产总值中的比重达1.0%、体育服务业增加值占比超过30%等发展目标，将竞赛表演业、健身休闲业、场馆服务业、体育中介业、体育培训业、体育传媒业、体育用品业和体育彩票业作为发展的重点行业。这将为社会提供大量的就业岗位，但在实际情况中，专业体育从业人员存在严重短缺的问题。各类高校是培养和输送体育专业人才的主要途径，但是从各高校的体育专业人才毕业就业情况来看，大量的体育专业毕业生选择进入体育之外的其他行业，体育行业人才流失情况比较严重。

复合型体育专业人才匮乏。国家统计局与国家体育总局联合发布的《2019年全国体育产业总规模与增加值数据公告》指出，2019年我国体育产业总规模(总产出)达到了29483亿元，增加值为11248亿元。从数据上看，我国体育产业近年来取得较快发展，有良好的发展前景。我国体育产业的不断市场化，增加了对复合型体育人才的需求，包括赛事运营、市场运作、品牌营销等方面的高素质人才。而传统体育教学已经无法满足复合型体育产业的发展，在体育专业复合型人才培育方面存在欠缺。高素质体育人才不足，在一定程度上制约了体育产业的发展。

创新型体育人才缺口大。随着体育产业的发展，特别是在5G技术、人工智能、大数据等技术和北京冬奥会等赛事的带动下，数字体育、在线健身、线上线下融合式体育服务等成为新业态。体育产业对新兴人才的需求不断加大。随着体育产业示范基地、体育产业园、体育特色小镇等的建成，体育产业亟待补强创新型人才短板。稀缺的人才主要有体育职业经理人、创新IP设计和运营人才、体育与相关产业融合发展所需人才、体育综合体和体育特色小镇管理和经营人才、智慧体育软硬件开发与运营人才、户外运动休闲管理和经营人才、冰雪运动产业管理和经营人才等。

体育产业价值链长，尤其在广义的体育领域中，需要更多高素质、创新创业型人才的加入。人才乃国家之本，科教乃人才之根。新时代加强体育人才工作首先要树立新的体育人才观。习近平总书记指出："我们有凝心聚力办大事的自信，要把最好的资源凝聚起来，发挥各类人才的智慧，聚天下英才而用之。"所谓新的体育人才观，就是要树立强烈的人才意识，确立事物相互联系的观点，着力破除体制机制障碍，探索创新"体教结合、体科融合、体产联合、体文耦合"的开放协同理念，实现人才的多元产出和高效配置，聚优才、择良才为体育所用，形成与目标任务相适应的体育人才层次梯队和合理的体育人才结构。培养创新创业体育人才是改善体育产业人才供需不足现状的需要，减少体育人才流失，培养更多的复合型和创新型体育人才已成为现实需要。

第二节 研究目的及意义

一、研究目的

在当前发展形势下，全面进行创新创业教育已经成为各类院校教育发展的必然趋势。大学生通过创新创业教育培养创新思维，掌握创新创业所需要的基本知识和实用技能，增强实践能力，无论是对社会还是对个人都具有极其重要的意义。

面对市场经济的不断完善与体育事业和体育产业的快速发展，体育人才创业教育与创新思维的培养成为完善体育人才培养结构的一个必不可少的环节。随着高校体育专业逐年扩招，其毕业生的就业率受到社会和高校的高度关注，社会就业的压力要求体育专业学生有更全面的个人素质和更强的综合能力，要求每个学生有其自身独特的竞争优势。体育人才的培养势必成为我国体育事业、体育产业发展的关键环节。

因此，本书致力于分析我国高校体育人才创新创业教育的背景与现状，分析体育人才创新创业教育中存在的问题，揭示制约其发展的主要因素；依据调查与研究结果探讨我国高校体育人才创新创业教育的有效途径，并对相应的管理组织结构和实践载体建设进行科学的谋划，为我国体育人才的培养提供有效建议。本书的研究结果为进一步提升体育人才创业教育与创新思维水平，增强体育人才的核心竞争力具有一定的参考价值。

二、研究意义

总体上看，我国创新创业人才培养途径总体来看还存在不全面、不平衡的问题，难以满足市场经济发展需要，我国体育人才亦如此。因此一方面我国体育人才创新创业教育需要在探索中前进，政府部门、高校及社会等各方面需要协同合作，共同推进创新创业体育人才的培养；另一方面加强对创新创业体育人才培养的深入研究，探索人才培养的有效模式。促进我国体育事业与体育产业发展，培养高素质的体育人才是关键，构建适应时代发展需要的创新创业体育人才培养模式势在必行。

1. 理论意义

本书立足于我国体育事业与体育产业的发展现状，通过对高校体育人才创新创业教育情况的调查与研究，对体育人才培养模式进行分析和总结，探讨新形势下体育人才培养模式的重构方式，为各高校的“双创”工作提供理论依据，从而促进各高校发现创新创业教育中的短板，丰富“双创”工作的理论与实践内容。

2. 实践意义

本研究一方面可以提升体育人才的创新创业能力，为体育人才的创业实践提供指导；另一方面可以在高校营造良好的创新创业文化氛围，增强高校的核心竞争力，有利于推动高校制定相应的体育人才培养方案、建立创新人才培养机制、建设创新创业课程体系等。

三、创新与不足

创新创业体育人才培养既是高校人才培养的重要组成部分，也符合高等教育的发展趋势。目前，对创新创业体育人才培养的研究仍较少，尚没有形成关于创新创业体育人才的统一概念及理论体系。本书根据研究需要，对体育人才、创业教育与创新思维的概念、内涵及我国高校体育人才创业教育与创新思维培养的现状进行了初步探析，并结合问卷调查结果揭示了我国对创新创业体育人才的需求。此外，本文在借鉴国内外相关研究成果和理论的情况下，以协调各利益主体为目标，对高校在培养创新创业体育人才过程中应担当的角色进行了探讨，希望能引起社会各界对创新创业型体育人才培养的关注与重视，更好地促进我国体育高等教育、体育事业与体育产业的发展。

本书研究的问题是当今热点、难点问题，需要社会各界不断探索。因此，本书虽进行了相关研究，但由于理解水平有限，创新创业教育经验不足，必然存在一定的局限性，如样本的数量不太多等。

第三节　概念阐释及文献综述

本节对研究的主要对象进行了概念界定，对关于体育类院校创新创业教育的文献进行了分析梳理，为实证研究奠定了基础。

一、体育人才的概念

《辞海》中对“人才”的解释强调了人才具有优于一般常人的品德和才能，是有才识学问或德才兼备的人。2003 年 12 月，《中共中央国务院关于进一步加强人才工作的决定》为适应新形式新任务的要求，对人才的定义进行了新的阐释：“人才存在于人民群众之中。只要具有一定的知识或技能，能够进行创造性劳动，为推进社会主义物质文明、政治文明、精神文明建设，在建设中国特色社会主义伟大事业中作出积极贡献，都是党和国家需要的人才。”

根据上述对人才的解释，体育人才是指有一定体育学识和技能，并能在体育领域里进行创造性劳动，从而为物质文明、政治文明、精神文明建设做出贡献的人。本书的体育人才是指在高校接受高等教育，从事体育相关工作并具有一定体育学识和技能的专业人员。

具体来讲，体育人才主要表现出四个方面的特征。首先是专业性。体育人才所掌握的体育理论知识要比其他人更加专业，也更为丰富，具备较高水平的体育技能，可以更好地服务于社会体育事业，满足社会发展对优秀体育人才的需要。其次是竞争性。从某种角度看，体育人才固有的本质属性就是竞争性，这是由体育项目本身所具有的竞技性特点所决定的。再次是创造性。几千年来，体育从人类为了生存而采取一种活动形式发展成今天的竞技体育,其间人们运动技艺的不断完善、运动水平的不断提高,无不是发现、发明和创造的结果,激烈的体育竞争十分有利于培养体育人才的创造性。[①] 最后是社会性。社会性是在社会中生活的每一个人都具有的属性和特征,体育人才的社会性特征最为显著的表现是其服务于所属的体育行业和产业,为体育产业发展和全民健康做贡献。

二、创业教育的概念

"创业"一词很早就出现在文献中,但至今学术界也未对创业的定义达成共识。我国学者将创业的概念分为三个层次。狭义的创业为创建一个新企业的过程。相对广义的创业是通过企业创造事业的过程,包括创建新企业和在企业内创业。广义的创业为创造新的事业的过程,即所有创造新的事业的过程都是创业,既包括创建营利性组织,也包括创建非营利性组织;既包括设立政府组织,也包括设立非政府组织;既包括创造大型的事业,也包括创造小规模的事业甚至"家业"。张桂春、张琳琳在《"创业教育"思想的生成与流变》一文中认为,创业有三种含义:一是指事业或职业发展中的某一阶段;二是指开创一种前所未有的事业领域,或在事业中做出前所未有的业绩;三是指非工资就业,即依靠个人劳动、创作、服务、经营获得职业收入。[②] 刘艳华等人在《浅谈在高校开展创业教育的作用与意义》一文中将创业教育分为狭义和广义两层含义,狭义的创业教育主要是培养大学生创办企业的能力,是以创业为目的的教育,而广义的创业教育主要是培养具有开拓精神的个人,强调培养个体的创业精神,侧重于培养创业型人才。[③] 在《创业教育学》一书中,彭刚认为广义的创业教育就是在普通教育与职业教育领域里实施的,以提高青少年的创业基本素质、培养具有开创个性的社会主义建设者和接班人为目的的教育。[④] 房欲飞在《大学生创业教育的内涵及实施的意义》中认为,创业教育是通过课程体系、教育内容、教学方法的改革以及实践教学的开展,提升教育对象的创业意愿、创业精神和创业技能,并将其内化成教育对象的基础性素质,最终培养出能够在一定条件下学以致用的创业人才的教育。[⑤]

---

① 刘振忠.京津冀协同创新创业型体育人才培养研究[M].上海:复旦大学出版社,2020.

② 张桂春,张琳琳。"创业教育"思想的生成与流变[J].辽宁师范大学学报,2004(4):63-67.

③ 刘艳华,朱俊玲,刘蔚,等.浅谈在高校开展创业教育的作用与意义[C]//KAB创业教育年会暨首届大学生创业教育论坛,2009.

④ 彭刚.创业教育学[M].江苏教育出版社,2005.

⑤ 房欲飞.大学生创业教育的内涵及实施的意义[J].理工高教研究,2004,23(4):76-78.

基于以上关于创业教育的定义，本书对创业教育界定如下：创业教育是开发和提高大学生基本素质、培养具有创新精神和创业能力的高素质社会主义建设者和接班人的教育。

三、创新思维的概念

从经济学角度来讲，创新可以理解为“建立一种新的生产函数”，也就是说，把一种从来没有过的关于生产要素和生产条件的“新组合”引入生产体系。为使事物进一步优化或满足社会需要，以提出有别于常规思路或见解为导向，利用现有的知识和物质，在特定的环境中改进或创造新的方法、元素、路径、环境等，并获得一定有益效果的行为，称为创新。创新既符合事物的客观规律，又符合人的目的需要，在发挥了人的主观能动性之后能产生促进社会进步和发展的结果。

思维是人接受信息、存储信息、加工信息以及输出信息的活动过程。创新思维是一种打破常规、求同存异的思维模式，是在信息接触的各个阶段发现新方式、找出新结论的思维模式。创新思维分为广义和狭义两种，广义的创新思维泛指产生创新性的所有思维。而狭义的创新思维范围比较狭窄，必须是前所未有的、对于人类社会具有重大意义的高级思维活动。但是，狭义的创新思维只有少部分人拥有，而且很少能靠后天的教育形成。而广义的创新思维可以通过后天的教育加以培养，是大多数人都可以挖掘出的创新潜能。本书中的创新思维指的是广义的创新思维，是在准确把握科学规律的基础上创造性地解决现实问题的科学思维，注重思维主体与现实客体的有机结合，是思维主体积极思考和表达的结果。

四、关于体育类院校创新创业教育的研究综述

关于体育类院校创新创业教育，在学生情况方面，廖金琳等人在《知识失业境遇下体育院系创业教育体系的构建》中认为，大部分学生认为参与创业实际行动是掌握创业知识和创业能力的最有用方法，单一的课堂理论对学生创业能力的提升没有很大帮助；体育专业学生缺乏经营管理、市场营销和财务方面的知识，需要学校结合专业课程体系，开设必要的创业知识课程。[①] 在师资情况方面，陈剑行在《高校体育专业人才创新创业教育的研究》中提到大

① 廖金琳，李长沙，林锦福．知识失业境遇下体育院系创业教育体系的构建[J]．吉林体育学院学报，2012，28(1)：32-34．

学中的创业教育课程大部分由班主任或者就业辅导教师担任授课教师，这两类教师都缺少创业经验，在课程教学中缺乏实际经验的传授，没有立足于培养学生的学习能力。[①] 在校园文化方面，周静、刘振忠、康建敏在《创新创业文化融入体育院校校园文化建设的思考》中探讨了创新创业教育融入体育类院校校园文化体系的必要性和重要性，认为校园体育文化活动渗入创新创业教育有助于建立富有特色的校园文化，有助于丰富课余文化生活，有助于推动创新创业校内外实训活动。体育类院校要借助自身得天独厚的资源优势，构建具有创新创业要素的校园体育文化活动体系。[②] 朱雄、徐伟宏从体育产业发展的视角出发，探讨了依托武汉体育学院研究生创新创业培养基地培养湖北省体育产业创业领军人才的新模式，认为其具有独特优势，提出培养体育产业创新人才要打破传统的教育模式，以基地为依托，注重实践能力培养和创新创业精神的塑造。[③]

综上所述，在关于高校体育人才创新创业教育的探讨中，研究者从学生情况、师资情况、校园文化、体育产业等多个层面来探讨，从而找出相应的对策，相关影响因素可总结为学生因素、教师因素、组织因素、环境因素。而关于体育类院校创新创业教育的研究主要集中在宏观方面，对创新创业行为现状的微观调查和对创新创业实践情况的研究与分析很少，提出的建议缺乏针对性。体育类院校创新创业教育由于其人才培养的特殊性和提高毕业生就业率的紧迫性，目前发展较慢，体育类院校必须结合国家层面、社会层面、学校层面、学生层面的资源找出有效提高体育人才创新创业教育成效的对策，提升体育人才的创新力与竞争力。体育人才培养应紧跟时代发展的要求，大力培养体育人才的创新创业能力。

① 陈剑兴.高校体育专业人才创新创业教育的研究[C]//第5届教育教学改革与管理工程学术年会论文集.全国教育教学改革与管理工程组委会，2012：417-420.

② 周静，刘振忠，康建敏.创新创业文化融入体育院校校园文化建设的思考[J].河北体育学院报，2015，29(2)：53-55，60.

③ 朱雄，徐伟宏.体育产业创新人才培养模式研究——以武汉体育学院研究生创新创业培养基地建设为例[J].体育研究与教育，2015，30(1)：62-65.

第四节 研究对象与研究方法

一、研究对象

本书以高等院校体育人才创新创业教育为研究对象，以国内几所专业体育类院校和综合类、师范类院校的体育专业学生为调查对象。调查所涉专业包括体育教育训练学（体育教育、运动训练等）、武术与民族传统体育、运动人体科学（运动医学、运动康复、运动心理学等）、体育人文社会学（体育经济学、体育新闻学、体育外事英语等）、体育工程学（体育装备工程、体育信息技术等）、体育艺术学（舞蹈学、表演、体育广告设计与策划、播音主持类等）等专业。

二、研究方法

根据本书提出的研究问题和所要研究的内容的需要，本研究总体上采取文献分析和实证分析相结合的方法。具体的研究方法如下。

1. 文献资料法

以"创新思维""创业教育"和"创新创业教育"等关键词在相关数据库和网站上搜索与本研究有关的文献资料，收集创新创业教育方面的动态信息，查阅相关国家机关公布的体育法规、政策、统计年鉴等资料。对相关文献资料做重点阅读和分析，并注意不同文献资料之间的相互补充。获取的文献资料为本文的理论和实证研究提供了基本依据。

2. 专家访谈法

通过面对面访谈、电话访谈的方式对部分高等院校的体育人才创新创业管理部门及相关专家进行咨询访谈，主要了解目前各个院校创新创业教育的现状，包括取得的成果、遇到的挑战以及未来发展的途径等。对正在进行创新创业实践的体育专业大学生进行访谈，了解其对创新创业的认识和看法。就研究的相关问题向专家进行咨询，听取他们对目前体育人才培养的看法，并征求他们对本课题研究的意见。

3. 问卷调查法

遵照社会学调查问卷设计的基本原理，本研究自行设计了“体育人才创业教育与创新思维培养现状调查问卷”。问卷主要调查高校创新创业现状、体育人才创新创业意识和能力、创新创业教育存在的问题等。问卷第一部分主要是有关受调查者的个人基本情况，如学历、所在学校、专业、年级等；第二部分是有关受调查者对创新创业教育的认知情况，包括受调查者对创新创业教育是否重视等；第三部分是有关受调查者所在学校开展创新创业教育的情况，包括开展形式、存在的问题等。课题组在初步检验问卷的效度后根据专家的建议再调整问卷。问卷主要面向体育类院校发放，同时有少部分发放至综合类院校、师范类院校的体育学院。

4. 数理统计法

对回收的调查问卷进行整理，对所获得的数据运用 SPSS17.0 软件进行统计及分析。

5. 个案分析法

对国内外体育创新创业教育个体案例进行深入分析，总结其成功经验，为本研究提供可行性论证。

第二章 关于体育人才创新创业的政策法规

创新创业已逐渐成为国家经济发展的重要动力，为了有效推动创新创业的开展，需要相关政策法规的支持。科学的创新创业政策法规是实现大众创业、万众创新的制度保障。良好的制度保障可以显著地提高人们创新创业的积极性，也可以提升创业的成功率。本章是对关于体育人才创业教育与创新思维培养的政策法规的介绍。

第一节 关于体育人才创新创业的政策

2007 年 10 月，党的十七大提出“提高自主创新能力，建设创新型国家”和“实施扩大就业的发展战略，促进以创业带动就业”。自此，我国有关创业政策制定主体更加多元，初步形成了多部门联动与协调的格局，大学生创业政策体系基本建立。2012 年 11 月，党的十八大提出“引导劳动者转变就业观念，鼓励多渠道多形式就业，促进创业带动就业”，同时提出“科技创新是提高社会生产力和综合国力的战略支撑”，实施创新驱动发展战略。就业、创新、创业再次被提上新的议程，就业政策内容得以进一步完善。党的十八大后，习近平总书记多次就高校毕业生就业创业工作作出指示，并强调“全社会都要重视和支持青年创新创业”[①]。2017 年 10 月，党的十九大报告提出“加快建设创新型国家”的发展要求，进一步推动了一系列创新创业政策的出台。

从内容来看，创新创业政策主要包括宏观的综合性政策和相对具体的教育政策。

一、创新创业综合性政策

大学生是大众创业、万众创新的生力军，支持大学生创新创业具有重要意义。党的十九大和十九届二中、三中、四中、五中全会文件中，均提出落实立德树人根本任务，坚持创新引领创业、创业带动就业，支持在校大学生提升创新创业能力。

（一）《中共中央国务院关于深化体制机制改革加快实施创新驱动发展战略的若干意见》

2015 年 3 月，《中共中央国务院关于深化体制机制改革加快实施创新驱动发展战略的若干意见》发布，指出加快实施创新驱动发展战略，就是要使市场在资源配置中起决定性作用和更好发挥政府作用，破除一切制约创新的思想障碍和制度藩篱，激发全社会创新活力和创造潜能，提升劳动、信息、知识、技术、管理、资本的效率和效益，强化科技同经济对接、创新成果同产业对接、创新项目同现实生产力对接、研发人员创新劳动同其利益收入对接，增强科技进步对经济发展的贡献度，营造大众创业、万众创新的政策环境和制度环境。

（二）《国务院关于大力推进大众创业万众创新若干政策措施的意见》

2015 年 6 月，为改革完善相关体制机制，构建普惠性政策扶持体系，推动资金链引导创业创新链、创业创新链支持产业链、产业链带动就业链，国务院制定了《国务院关于大力推进大众创业万众创新若干政策措施的意见》。该意见明确了要按照“四个全面”战略布局，坚持改革推动，加快实施创新驱动发展战略，充分发挥市场在资源配置中的决定性作用和更好发挥政府作用，加大简政放权力度，放宽政策、放开市场、放活主体，形成有利于创业创新的

---

① 习近平. 习近平致 2013 年全球创业周中国站活动组委会的贺信[N]. 人民日报，2013-11-09(1).

良好氛围，让千千万万创业者活跃起来，汇聚成经济社会发展的巨大动能。不断完善体制机制、健全普惠性政策措施，加强统筹协调，构建有利于大众创业、万众创新蓬勃发展的政策环境、制度环境和公共服务体系，以创业带动就业、创新促进发展。

（三）《国务院办公厅关于建设大众创业万众创新示范基地的实施意见》

2016 年 5 月印发的《国务院办公厅关于建设大众创业万众创新示范基地的实施意见》指出，高校和科研院所示范基地的建设目标是以高校和科研院所为载体，深化教育、科技体制改革，完善知识产权和技术创新激励制度，充分挖掘人力和技术资源，把人才优势和科技优势转化为产业优势和经济优势，促进科技成果转化，探索形成中国特色高校和科研院所双创制度体系和经验。意见在建设重点部分提出：要深化创业创新教育改革，建立创业理论研究平台，完善相关课程设置，实现创业创新教育和培训制度化、体系化；实施大学生创业引领计划，落实大学生创业指导服务机构、人员、场地、经费等；建立健全弹性学制管理办法，允许学生保留学籍休学创业；加强创业导师队伍建设，完善兼职创业导师制度；引导和推动创业投资、创业孵化与高校、科研院所等技术成果转移相结合；完善知识产权运营、技术交流、通用技术合作研发等平台。2017 年和 2020 年，国务院办公厅又分别印发了建设第二批、第三批示范基地的实施意见，以更好地发挥大众创业万众创新示范基地对促改革、稳就业、强动能的带动作用，进一步推动大众创业、万众创新向纵深发展，更大程度激发市场活力和社会创造力。

（四）《国务院关于强化实施创新驱动发展战略进一步推进大众创业万众创新深入发展的意见》

2017 年 7 月印发的《国务院关于强化实施创新驱动发展战略进一步推进大众创业万众创新深入发展的意见》提出，创新是社会进步的灵魂，创业是推进经济社会发展、改善民生的重要途径，创新和创业相连一体、共生共存。近年来，大众创业、万众创新蓬勃兴起，催生了数量众多的市场新生力量，促进了观念更新、制度创新和生产经营管理方式的深刻变革，有效提高了创新效率、缩短了创新路径，已成为稳定和扩大就业的重要支撑、推动新旧动能转换和结构转型升级的重要力量，正在成为中国经济行稳致远的活力之源。为进一步系统性优化创新创业生态环境，强化政策供给，突破发展瓶颈，充分释放全社会创新创业潜能，意见指出大众创业、万众创新深入发展是实施创新驱动发展战略的重要载体，要加快科技成果转化，拓展企业融资渠道，促进实体经济转型升级，完善人才流动激励机制，创新政府管理方式。

（五）《国务院关于推动创新创业高质量发展打造“双创”升级版的意见》

2018年9月印发的《国务院关于推动创新创业高质量发展打造“双创”升级版的意见》提出，要以习近平新时代中国特色社会主义思想为指导，全面贯彻党的十九大和十九届二中、三中全会精神，坚持新发展理念，坚持以供给侧结构性改革为主线，按照高质量发展要求，深入实施创新驱动发展战略，通过打造“双创”升级版，进一步优化创新创业环境，大幅降低创新创业成本，提升创业带动就业能力，增强科技创新引领作用，提升支撑平台服务能力，推动形成线上线下结合、产学研用协同、大中小企业融合的创新创业格局，为加快培育发展新动能、实现更充分就业和经济高质量发展提供坚实保障。

二、创新创业教育政策

创新创业教育承担着唤醒创新创业意识、培养创新创业能力、指导创新创业实践等功能，因此，创新创业教育政策也是影响创新创业成效的重要因素。

（一）《教育部关于大力推进高等学校创新创业教育和大学生自主创业工作的意见》

2010年5月，《教育部关于大力推进高等学校创新创业教育和大学生自主创业工作的意见》公布，这是新世纪以来我国第一个推进创业教育的全局性文件。教育部成立了由知名企业家、企事业单位专家、高校教师、有关部门负责同志组成的“教育部高等学校创新创业教育指导委员会”，建立了高教司、科技司、学生司、就业指导中心联动机制，形成了创新创业教育、创业基地建设、创业政策支持、创业服务“四位一体、整体推进”的格局。

（二）《普通本科学校创业教育教学基本要求（试行）》

2012年8月，教育部印发《普通本科学校创业教育教学基本要求（试行)》,对创业教育的教学目标、教学原则、教学内容、教学方法和教学组织进行了整体的规划和设计,推动了高等学校创新创业教育的科学化、制度化、规范化建设。

(三)《国务院办公厅关于做好2014年全国普通高等学校毕业生就业创业工作的通知》

2014年5月印发的《国务院办公厅关于做好2014年全国普通高等学校毕业生就业创业工作的通知》首次提出实施大学生创业引领计划,在2014—2017年间,计划通过提供创业服务、落实创业扶持政策、提升创业能力,逐步提高大学生创业比例。

(四)《国务院关于进一步做好新形势下就业创业工作的意见》

2015年5月印发的《国务院关于进一步做好新形势下就业创业工作的意见》指出,就业事关经济发展和民生改善大局。党中央、国务院高度重视,坚持把稳定和扩大就业作为宏观调控的重要目标,大力实施就业优先战略,积极深化行政审批制度和商事制度改革,推动大众创业、万众创新,创业带动就业倍增效应进一步释放,就业局势总体稳定。但也要看到,随着我国经济发展进入新常态,就业总量压力依然存在,结构性矛盾更加凸显。大众创业、万众创新是富民之道、强国之举,有利于产业、企业、分配等多方面结构优化。面对就业压力加大形势,必须着力培育大众创业、万众创新的新引擎,实施更加积极的就业政策,把创业和就业结合起来,以创业创新带动就业,催生经济社会发展新动力,为促进民生改善、经济结构调整和社会和谐稳定提供新动能。

(五)《国务院办公厅关于深化高等学校创新创业教育改革的实施意见》

2015年5月印发的《国务院办公厅关于深化高等学校创新创业教育改革的实施意见》指出,深化高等学校创新创业教育改革,是国家实施创新驱动发展战略、促进经济提质增效升级的迫切需要,是推进高等教育综合改革、促进高校毕业生更高质量创业就业的重要举措。意见要求全面贯彻党的教育方针,落实立德树人根本任务,坚持创新引领创业、创业带动就业,主动适应经济发展新常态,以推进素质教育为主题,以提高人才培养质量为核心,以创新人才培养机制为重点，以完善条件和政策保障为支撑，促进高等教育与科技、经济、社会紧密结合，加快培养规模宏大、富有创新精神、勇于投身实践的创新创业人才队伍。

（六）《人力资源社会保障部办公厅关于进一步推进创业培训工作的指导意见》

2015 年 12 月印发的《人力资源社会保障部办公厅关于进一步推进创业培训工作的指导意见》指出，要以服务就业和经济发展为导向，以推行终身职业技能培训制度和提升劳动者创业能力为宗旨，充分调动社会各方积极性，发挥市场主体作用，强化创业培训公共服务，创新创业培训模式，扩大创业培训规模，提高创业培训针对性和有效性，建立政府激励引导、社会广泛参与、劳动者自主选择的创业培训工作新机制，为推进大众创业、万众创新提供支撑。

（七）《教育部办公厅关于建设全国万名优秀创新创业导师人才库的通知》

2016 年 11 月印发的《教育部办公厅关于建设全国万名优秀创新创业导师人才库的通知》提出在各地各高校创新创业导师人才库的基础上建设全国万名优秀创新创业导师人才库。全国万名优秀创新创业导师人才库由各地各高校推荐的各行各业优秀创新创业人才、具有较高理论水平和实践经验的高校教师组成，旨在集聚优质共享的创新创业导师资源，切实发挥导师的教育引导和指导帮扶作用，提高创新创业教育的针对性、时代性、实效性，增强大学生的创新精神、创业意识和创新创业能力，提高人才培养质量，努力造就大众创业、万众创新的生力军。

（八）《国家级大学生创新创业训练计划管理办法》

2019 年 7 月，为贯彻落实全国教育大会和新时代全国高等学校本科教育工作会议精神，教育部结合国家大学生创新创业训练计划实施情况，制定了《国家级大学生创新创业训练计划管理办法》。该办法第二条指出国创计划是大学生创新创业训练计划中的优秀项目，是培养大学生创新创业能力的重要举措，是高校创新创业教育体系的重要组成部分，是深化创新创业教育改革的重要载体。第三条指出国创计划坚持以学生为中心的理念，遵循“兴趣驱动、自主实践、重在过程”原则，旨在通过资助大学生参加项目式训练，推动高校创新创业教育教学改革，促进高校转变教育思想观念、改革人才培养模式、强化学生创新创业实践，培养大学生独立思考、善于质疑、勇于创新的探索精神和敢闯会创的意志品格，提升大学生创新创业能力，培养适应创新型国家建设需要的高水平创新创业人才。

第二节 体育人才创新创业的法规

现实中，大学生自身在资金、经验等方面的欠缺，导致其在参与创新创业，面临市场竞争时往往会遇到比其他创业者更严峻的困难。市场本身是有效的，但在大学生创新创业中，它却可能导致大学生难以接受的高门滥和难存续、难发展的状况。面对此种情形，国家在政策上给予鼓励和扶持的同时，必须提供法律法规层面的支持，以充分实现鼓励支持其创业的目的。主要是通过制定相关法律法规，理顺管理机构行为以及切实实施相关政策来实现对涉及大学生创新创业的经济关系的调整。市场经济条件下，法律既要保证各类社会主体间公平自由的竞争，同时应当给予大学生一定的竞争“豁免权”，即将大学生作为特殊的创新创业主体，对其权益进行保护。法律在规范大学生创业行为的同时，也应引导和指导大学生进行创业，为大学生创业提供良好的制度激励。本节把与创新创业相关的法律按照其调整的法律关系区分为以下几类。

（一）规范商事法律关系的法律

第一类是规范企业设立期间的商事法律关系的法律，如《中华人民共和国公司法》《中华人民共和国个人独资企业法》和《中华人民共和国合伙企业法》等。这些法律法规规范的是企业设立期间的一些行为活动，包括创立企业的条件、企业组织的设立和企业制度设立等问题。例如，公司法修正案提出，注册资本实缴登记制改为认缴登记制，放宽注册资本登记条件，简化登记事项和登记文件等。该修正案为降低大学生创业门槛、激发市场活力起到了推动作用。

（二）规范企业劳动关系的法律

第二类是规范企业劳动关系的法律，如劳动合同法、就业促进法、社会保险法、高等教育法等。这些法律法规都是处理好企业与劳动者之间的劳动关系，发挥劳动者的积极性，使企业创造更高效益的不可或缺的武器。如中小企业促进法第四章为创业扶持专章，其中第二十五条规定高等学校毕业生、退役军人和失业人员、残疾人员等创办小型微型企业，可以按照国家规定享受税收优惠和收费减免。

（三）保护知识产权的法律

第三类是与知识产权相关的法律，如知识产权法、著作权法、专利法、商标法等。例如，依照《中华人民共和国知识产权法》《中华人民共和国著作权法》的规定，知识产权是人们对于自己的智力活动创造的成果和经营管理活动中的标记、信誉依法享有的权利。从传统意义上讲，知识产权制度为大学生创新创业提供的法律保护范围主要包括专利权、商标权和著作权三大类。我国民法典第 123 条规定，民事主体依法对作品，发明、实用新型、外观设计，商标，地理标志，商业秘密，集成电路布图设计，植物新品种以及法律规定的其他客体享有知识产权。当代大学生的创业主要与智力型产业相关，知识产权对于这些企业的重要性毋庸置疑。掌握好这类法律法规，除了能更好地保护自身的知识产权权益，同时也能更好地保护他人，避免自身的创业行为侵犯他人的知识产权。

（四）规范企业市场交易活动的法律

第四类是规范企业市场交易活动的法律，如合同法、担保法、产品质量法、反不正当竞争法、反垄断法、广告法、消费者权益保护法等。这部分法律法规主要调整的是企业与其他企业、经营者与消费者之间的市场交易活动，其目的是规范经营者的经营方式，促进公平交易。

（五）规范国家宏观调控行为的法律

第五类是规范国家宏观调控行为的法律，如环境保护法、对外贸易法、税法、金融法、投资法等。这些法律都是为了调整政府与经营者之间的法律关系，是政府对经营者的行为进行宏观调控必不可少的法律规范。

（六）解决矛盾纠纷的法律

第六类是调整、解决商业行为矛盾纠纷的法律，如民事诉讼法、刑事诉讼法、行政诉讼法、仲裁法、劳动争议调解仲裁法等，这些法律都是调整诉讼法律关系的重要法律，包括如何调节矛盾，理顺责任关系、诉讼程序等方面。

第三章

国外高校创新创业教育培养方式与经验

创新创业教育是以培养具有创新意识和创造能力的人才为目标，集知识、技能及创新精神和创业意识培养于一体的整体化教育。20 世纪 80 年代以来，部分发达国家如美国、英国、德国、日本等，从促进国家经济发展和提升核心竞争力出发，高度重视创新创业教育的实施和开展，投入了大量的人力、物力和财力培养人们特别是大学生的创新能力和企业家精神，形成了具有鲜明特色的、卓有成效的创新人才培养模式。时至今日，培养创新创业人才已经日益成为世界高等教育改革与发展的趋向，成为高等教育最具时代特色的价值追求和精神品格，成为高等教育核心竞争力的根本体现和重要标志。在当前我国把创新驱动发展战略作为国家重大战略的时代背景下，借鉴国外创新创业人才培养模式的有益经验，构建具有中国特色的、层次多样的个性化创新创业人才培养模式，不仅具有重要的理论价值，而且具有十分突出的现实意义。

第一节 美国高校创新创业教育

一、美国高校创新创业教育发展历程

创新创业教育最早可追溯到1938年日本神户大学名誉教授藤井茂开设的创业教育课程①。但长期以来，美国大学的创新创业教育一直是全球各地高等教育机构开展创新创业教育的先驱和引领者。早在1947年，哈佛商学院就开设了“新创企业管理”(Management of New Enterprise)课程②；1985年，美国有253所大学开设了创新创业教育或企业管理课程；1997年，全美超过400多所商学院和大学开设了至少一门创新创业课程③。根据Charney等人的研究，1997年美国有超过1500所高等教育机构开设了创新创业课程和培训，并有100多家大学建有创新创业中心④。2007年，全美高等教育机构开设的创新创业课程从1985年的250门左右增长到5000多门。此外，有很多大学通过构建融合师生、研究人员、校友、本地企业家和社区组织人员的创新创业生态系统，以及开展广泛的、多样化的创新创业活动，推动地方社会和经济的发展。特别是研究型大学，创造了创新创业导向的校园文化，并致力于实现师生的研发成果和创新技术商业化、市场化。到2016年，美国开设创新创业课程的高等教育机构增长至1600多家。因此，《纽约时报》把美国高等教育机构中爆发的创新创业型大学建设浪潮和以创新创业为导向的课程体系教学目标重构活动称为“创新军备竞赛”。更令人瞩目的是，目前美国至少有450所大学颁发创新创业方向的学士、硕士或博士学位证书。

---

① McMullan W E, Long W A. Entrepreneurship Education in the Nineties[J]. Journal of Business Venturing, 1987, 2(3): 261-275.

② Katz J A. The Chronology and Intellectual Trajectory of American Entrepreneurship Education: 1876-1999[J]. Journal of Business Venturing, 2003, 18(2): 283-300.

③ Volkmann C. Entrepreneurship Studies: an Ascending Academic Discipline in the Twenty-first Century[J]. Higher Education in Europe, 2004, 29(2): 177-185.

④ Charney A, Libecap G D. The Impact of Entrepreneurship Education: an Evaluation of the Berger Entrepreneurship program at the University of Arizona, 1985-1999[J]. SSRN, 2000: 1-8.

二、美国高校创新创业教育机制

（一）完善的内部培养机制

在创新创业型人才培养方面，美国高校以学生兴趣发展为本，形成了校长统筹协调的长效教学管理机制。美国高校的创新创业教育注重培养学生对提升创新创业能力和技能的兴趣，并把促进学生创新创业个性和兴趣发展作为落实创新创业教育培养目标的内在动力。美国许多高校创业教育方面的基础设施和师资力量能反映出其对学生创新创业兴趣的重视，如威斯康辛大学麦迪逊分校、加利福尼亚大学洛杉矶分校和贝勒大学等。这些高校所实施的创业课程和项目基于学生的学习兴趣构建完整的课程体系和开展丰富的校园创新活动，能满足不同专业背景学生的现实诉求，并实现学生多样化和个性化发展。同时，在创新创业教育教学过程中，学校领导对培养创新创业人才的关注，能为推行创新创业教育项目提供更多的配套资源，如美国威斯康辛大学麦迪逊分校由主管创业教育的副校长牵头，建立了独立于其他学院的中央办公室和创业教育教学咨询委员会，这些机构能为创业者提供集思广益的平台，从而促进和鼓励高校内的创新思维发展。由此可见，这种校长统筹协调的教学管理机制能推进创新创业教育教学工作和人才培养规划的有效实施。

（二）有力的外部支撑体系

美国的创新创业教育除了建立完善的内部培养机制外，还联合高校、政府和社会机构开展协作，对师资、课程、活动等创业教育资源进行整合，为大学生创新创业教育提供理论和实践支持。美国高校创新创业教育的外部支撑体系主要体现在支持性的创业政策、完善的创业基地和通畅的融资渠道上。美国高校在创新创业教育方面取得的巨大成功离不开完善的创新创业教育支撑体系。美国民众普遍认为，开展创业教育是整个美国社会的责任，需要通过各界力量的通力协作来促进创业人才的成长，构建可持续发展的大学生创新创业教育生态系统。在这个生态系统中，大学生创业的外部支撑体系是必不可少的，这是因为构建创新创业教育外部支撑体系有利于在全社会营造尊重创业、崇尚创业的文化氛围和友好的创业环境，进而为大学生提供更多创业机会，提高大学生创业成功率。此外，高校创业人才培养必然会经常面对创业教育资源不足的问题，而来自政府和社会等多方面的参与和支持，有助于高校在师资、场地、资金等方面优化资源配置，通过加强校企协作、建立创业实习基地等方式，为学生创业项目走向市场提供充分的资金支持，有效推动大学生创新创业教育的发展。[①]

三、美国高校创新创业教育典型模式

（一）哈佛大学校企合作模式

美国哈佛大学非常注重与各企业的合作和交流，因此校企合作模式应运而生。[②] 校企合作是指高校邀请企业中知识储备深厚、实践经验丰富的专家、学者和管理者直接参与教学实践、课程设置和教学管理，运用他们的专业知识和实践经验推动学校和企业共同培养人才。为了更好地发挥校企合作模式的优势，美国高校之间建立了工业联系计划站，每年通过定期会议进行交流，确保高校和企业之间的合作关系能够长久稳定地发展。在校企合作模式中，企业充分发挥自身的资金、技术、交际圈优势，建设并支持学校的创新创业加速器，以孵化学校学生、教师或研究人员创办的公司；学校发挥人才优势，将教学和生产相结合，培育创新创业文化。在这个模式的推动下，企业与学校在培养专业的优秀人才和提高学生能力的合作中更加亲密，提高了学校学生的就业率，让两者在合作中实现了共赢。

（二）斯坦福大学产学研培养模式

斯坦福大学是一所美国私立高校，产生了世界上第一个举世闻名的研究园区“硅谷”的前身，形成了产学研培养模式。[③] 斯坦福和硅谷的校企合作是美国高校创新创业人才培养模式的典范，主要体现在人才培养合作和继续教育合作两个方面。人才培养合作方面，硅谷的发展为斯坦福大学产学研培养提供了良好契机，斯坦福大学能够为硅谷提供极大的人才支持和技术需求。硅谷依托高校进行研发，一定程度上能够降低研发成本，提高企业盈利水平。

① 刘玉凤．美国高校创新创业教育机制和发展路径研究[J]．黑河学院学报，2019，10(6)：18-19，35．

② 陈诗慧，张连绪．大学生创新创业教育的国际模式、经验及借鉴——基于美国、德国、日本等三国的比较[J]．继续教育研究，2018(1)：115-120．

③ 周蕾．论美国高校创业教育对我国高职院校岗位型创新创业人才培养的启示[J]．黑龙江畜牧兽医，2017(2)：262-264．

将科技创新成果转化成经济效益也激励了斯坦福大学的研发人员，他们不仅获得了经济利益，而且更有动力继续从事技术研究，这形成了一个良性循环。继续教育合作方面，斯坦福大学为硅谷员工提供了系统的继续教育体系，使得其员工在线上线下都能够学习。在线上，硅谷员工可以统一进行课堂实时学习；在线下，硅谷员工可以通过互联网进行远程学习。线上线下灵活的学习方式可以提升硅谷员工的理论知识水平，进一步增强他们的工作能力；斯坦福大学可以通过教学交流了解当前硅谷的技术发展水平及高新技术发展的前沿动态，更新学校创新创业教育资讯。总之，双方实现了校企合作共赢，形成了良好的协作关系。"工程师造就硅谷，斯坦福造就工程师"，这句话就形象地说明了斯坦福产学研一体化的文化氛围和办学模式。①

（三）百森商学院创业实践模式

百森商学院是世界上公认的创业大学，在创业领域中有自己独特的办学方式。百森商学院一直秉持着培养学生创新创业思维的目标，在帮助学生提高创新能力、思维灵活性以及发现市场的敏锐性的基础上，高度重视创新创业实践。如百森商学院在大学第一年课程中就设置了创业课程，要求学生根据自己的需求或兴趣建立一家企业。在创业过程中，学校会给予资金支持、教师指导和课程辅导。第一学年结束后公司进行清算，将启动本金归还学校，盈利部分捐给慈善机构。② 在创新创业课程中，最为著名的是百森商学院的蒂蒙斯(Jeffy A. Timmons)教授构建的"创业学"课程体系。百森商学院根据其体系将"行动学习法"运用于创业教育课程中，开发了一种创业实践教学法，包括玩耍、移情、创造、试验和反思等五大环节。③ 玩耍是指通过简单游戏打开学生的思维和想象空间，移情是指站在对方的角度思考问题，创造是指在过程中发现问题、创造性地解决问题，试验是指尝试可能的解决方案并且验证其是否正确，反思是指让学生进行深度思考和感悟，总结他们的收获。④ 创业实践教学法能够循序渐进地帮助学生学会思考、发现问题和提高解决问题的能力。

---

① 肖玲，孙道进，祝青山．高校科技创新创业的典范——美国斯坦福大学案例分析[J]．淮阴师范学院学报(哲学社会科学版)，2005(4)：432-434，443.

② 包水梅，杨冬．美国高校创新创业教育发展的基本特征及其启示——以麻省理工学院、斯坦福大学、百森商学院为例[J]．高教探索，2016(11)：62-70.

③ 张莉，张晓璐，王少红．对世界著名商学院创业管理课程的研究及启示——以美国斯坦福大学商学院及百森商学院为例[J]．中国商界(上半月)，2009(5)：162-163.

④ 倪珍珍．美国高校创新创业教育发展的经验及启示[J]．新时代职业教育，2020，18(1)：20-23.

第二节　英国高校创新创业教育

一、英国高校创新创业教育发展历程

英国政府在 20 世纪 80 年代以前对创新创业教育并没有给予足够的重视，直至 80 年代中期，英国的创新创业教育还没有形成独立、完整的体系。80 年代中期以后，英国政府为了寻求国民经济的复苏，促进市场经济快速发展，开始推行创业教育。萌芽期的英国创业教育的主要目的是解决就业问题，同时培养一批优秀企业家，服务于经济发展，主要手段是借助准市场化方式促进高等教育发展。创业教育通过课堂引导、开设专题讲座以及个别定向指导等方式实施职业培训，先通过试点取得经验，再逐步推广。这一时期，英国政府并没有明确地把创新和创业作为一个整体概念加以诠释，但其后的促进创业教育的各种举措隐含了对创新的要求。

自 20 世纪 90 年代起，英国的创新创业教育进入了快速发展的关键期。国家咨询委员会和大学拨款委员会在 1984 年发表的联合声明中明确要求，在所有本科教育中开设创新创业课程，以培养大学生创新精神、创业意识和创业能力，并将其作为评估高等学校创新创业教育的一个重要指标，创新创业教育的主要目的开始由单纯解决就业转向提高大学生的创新精神和创业能力。自 1980 年开始，英国政府每年主办一次创新创业教育年会，为教师和大学生创新创业搭建交流平台，研讨创新创业教育实践中的困惑与经验，形成了丰富的经验和先进的理论。

进入 21 世纪以来，英国政府加大了对创新创业教育的扶持力度，通过整合社会各方资源构建社会支持网络。2001 年，为鼓励大学毕业生自主创新创业和促进高校加强对大学生企业家素质的培养，英国高等教育基金委员会和科学与创新办公室联合成立了旨在加强校企合作的高等教育创新创业基金，以加强对创新创业教育的资助。2004 年，英国专门设立了大学生创新创业促进委员会。2009 年，开通了专门用于连接高校创新创业教育与投资者的系列在线资源网站。高校可以通过网站获得信息及资源，及时调整创新创业教育发展目标，创新创业实践活动日渐活跃。2006年，英国已有45%以上的高校开设了一门或多门创新创业课程，开设创新创业课程的学校不断增多，由最初的商学院逐渐扩展到综合性大学和其他类型高校，创新创业教育课程体系也在不断改革发展中得到充实和完善。[①]

二、英国高校创新创业教育体系

（一）课程体系

英国高校创新创业课程体系具有如下几方面的特点。

一是课程目标层次鲜明。课程目标分为共性目标和个性目标。共性目标主要包括认知目标、情感目标及操作技能目标，强调通过传授创业准备阶段的知识和技能激发学生的创业意愿，帮助学生做出合理的职业选择。个性目标是通过培养学生的企业家精神和企业家能力，帮助学生掌握创新创业需要的机遇把控能力和商业管理能力等，使学生成为创新创业的成功实践者。

二是课程结构完整。英国高校创新创业课程可分为创新创业认知课程和创新创业实践课程两大板块。认知课程主要是为了使学生了解创新创业对经济社会发展的积极作用，培养创新精神、创业意识和创业态度，形成积极的创新创业价值取向，激发创新创业热情。实践课程主要包括创新创业模拟活动和创新创业实践活动。创新创业认知和创新创业实践两大板块构成了英国高校创新创业课程的完整结构。

三是课程实施方法和学习模式多元。各具特点的课程实施方法与学习模式，使英国高校创新创业课程呈现多元化的特征。基于对创新创业教育和学习本质的不同认识，各高校依据创新创业的不同面向，在课程实施方法和学习模式的选择上不拘一格、灵活多样。认知类课程更多采用讲授法，而实践类课程以过程体验为主，其中参与研究、模拟创业等学习模式较为常见。

四是课程评价体系相对成熟。课程评价主要包括课程层面的评价、教师讲授效果层面的评价和学生能力成长层面的评价。课程层面的评价主要通过比较课程产出结果与课程目标来检验创新创业课程的成本与效率的关系，这需要长期数据的支撑。对教师讲授效果和学生能力成长的评价则属于短期评价。

---

① 杨娟.英国高校创业教育拾记[J].中国大学生就业，2008(4)：42.

五是创业教育保障灵活高效。英国高校在保障创新创业课程实施方面开展了卓有成效的工作：一方面为开展创新创业课程搭建机制平台，提供配套的模拟实训场所，并提供相应的环境保障；另一方面，在创新创业课程管理上，实施弹性学分制度与多样化认证制度，保证创新创业教育管理灵活高效。

（二）师资体系

英国高校创新创业师资体系具有如下几方面的特点。

一是师资力量雄厚。良好的创新创业教育成效得益于雄厚师资的有力支撑，优质师资成为创新创业教育质量的重要保障。剑桥大学、帝国理工大学等英国最具创新性的大学，也积极参与创新创业教育，通过教授团队进行创业系列课程指导，为学生提供从创新研究到创业实践的各种学习和锻炼的机会。

二是专业化水平高。英国高校高度重视并大力加强创新创业教育师资队伍建设，从教师选聘和培训两方面促进创新创业教师创新能力的提升和创业经验的积累，并引导教师将创新能力和创业经验运用于教学中，有力地促进了教师专业化水平的提高。

三是经验丰富。在创新创业教育师资队伍中，有管理经验的教师超过60％，有创业经历的教师达38％以上。

四是结构多元。创新创业教师的构成是多样化的，学校除自己培养教师外，还积极聘请校外各行业成功人士和知名企业家作为客座教师，不仅增加了教师数量，更优化了教师学缘结构，拓展了教师的经验边界。

五是高度敬业。英国高校特别注重对教师创业精神和创业意识的培养，致力于让每一位教师都具备良好的创新创业意识，将创新创业意识融入职业生涯的价值诉求之中。正是这种融入思想深处的创新精神和创业意识的引领，使教师能够切实将创新创业理念渗透到教育教学活动的全过程。①

（三）保障体系

英国政府对创新创业教育在推动国家经济社会发展过程中的重要作用有十分深刻的理解和认知，通过出台相关政策整合各种组织机构的力量共同推动创新创业教育，以期在全社会形成创新创业文化。

① 范禹.英国高校创业教育的成功经验及启示[J].宁波教育学院学报，2019，21(3)：14-18.

2001 年,英国科学企业中心(UKSEC)成立。在相关部门提供的“科学企业挑战基金”的支持下,英国科学企业中心快速发展壮大。2007 年,英国科学企业中心更名为英国创新创业者教育协会(EEUK),其发展至今已有百余家高校和其他具有明确创新创业教育职责的高等教育机构参与其中。英国创新创业者教育协会与国家创新创业教育中心(NCEE)每年举办一次国际创新创业教育大会(IEEC)。为了指导、评估和推动创新创业教育,英国高等教育质量保障署(QAA)2012 年专门发布了创新创业教育指导文件,2018 年又发布了关于创新创业教育的标准文件,进一步阐释了创新创业教育对于学生创造力成长的积极影响。

2016 年,为了给高等教育机构提供高质量的创新创业教育指南,英国发布了《教学卓越框架》,系统阐释了创新创业教育教学效果与学生创新创业成果的评价标准和要求,企业参与程度、学生创新数量等成为检验和衡量学生实践成果与学习成绩的重要指标。2017 年,英国政府发布了《工业战略:建设适应未来的英国》白皮书,将规模化培养下一代企业家作为政府的战略目标,强调创新创业对成功推动工业战略实施的重要性。由于国家在政策层面对创新创业教育的引导和重视,英国的科技园、创新创业协会、企业孵化中心等各类组织形成了共同支持创新创业教育的合力,为创新创业教育搭建了良好的平台。此外,英国高等教育基金委员会还专门设立了教师教与学优异基金,出台了与学生创新创业实践效果挂钩的教师职称晋升激励制度,对在创新创业教育实践中取得优异成绩的教师给予奖励。①

三、英国高校创新创业教育发展经验

(一) 政府持续大力扶持,引导高校融入区域发展

在英国政府和各派政治力量的大力支持之下,英国创新创业教育经历了一个自上而下的发展过程。英国政府于 1987 年发起“高等教育创业”计划,该计划以资金支持的方式,在全国范围内支持鼓励各种学科背景的大学生开展创业尝试。1998 年,一项同样面向在校大学生的创业扶持计划启动,可让创业者得到志愿企业顾问和创业导师的指导,按自己的商业构想尝试开办

---

① 张国峰,樊增广.英国高校创新创业教育发展与启示[J].中国冶金教育,2020(2):75-78.

公司。[①]

为了更好引导高校在创新创业教育领域的探索，英国尝试组建区域大学联合会，在区域性合作伙伴与高校之间开辟了"一站式"通道。高校以派出代表在区域性团体中任职的方式参与合作，通过区域发展论坛发布有关高等教育的服务信息，实现与区域性合作伙伴的实时沟通。为了进一步促进区域协同创新，英国政府还组建了专门的管理机构，管理涉及双方的各类事宜，比如技术研发、商务服务、志愿者活动和社会文化服务等。在资金支持方面，2001年2月，英国政府支持创立区域性创新基金，通过地区发展署支持区域性产业研发中心的发展。由于高校与地区机构的合作使区域经济竞争力明显提升，英国政府在《高等教育的未来》(2003)中强调，政府高度重视促进高校融入区域发展的工作，将通过创立高等教育创新基金、构建知识交流中心网络等一系列保障措施进一步促进科研成果在大学与区域发展的互动中及时被分享和消化应用。

(二) 教育体系前后衔接，确保持续发展

英国是一个有悠久教育传统的国家。它的教育体系经过几百年的沿革，已成为一个相当完善和复杂的系统，且具有非常大的灵活性。

总体来说，英国的教育体系由三部分构成：义务教育(compulsory education)、延续教育(further education)和高等教育(higher education)。特别值得一提的是，英国的教育体系中的A-Level(advanced level)课程(相当于我国大学的基础课)供学生在进入大学之前学习。A-Level课程阶段的管理非常宽松，英国学生可以纯粹根据个人的学习兴趣自主选择课程。无论是通过实习的方式去积累社会经验和工作经历，还是通过各类国际性机构组织的活动去发展中国家做志愿者，都能开阔这些准大学生的眼界；而对于有志于走学术研究道路的学生，学校会开放相应的校区资源，方便这些学生提前了解学术领域的发展现状，甚至有机会亲身体验一些实验过程。经历了这样的提前训练，学生正式入学后选择人生发展方向时能够有更加清晰的认知[②]，并在正式进入高校前就已初步具备了开拓精神和基本的社会实践能力。

① 刘士祥，朱兵艳．地方高校融入区域发展机制与路径——基于国外高校政策与实践的视角[J]．河北联合大学学报(社会科学版)，2014，14(1)：73-76．

② 张鹤．高层次国际合作研究促进商科教学的创新性改革——中国农业大学国际学院冯伟哲副院长谈英国首相行动计划支持的中英高校合作[J]．世界教育信息，2010，24(9)：23-26．

为了实现教育体系的良好衔接，英国高校会通过“创业意识”“创业通识”和“创业职业”三层次的机会导向型创业人才培养课程体系，对进入高校的学生展开进一步的培养和指导。此外，越来越多的英国高校陆续推出课外活动奖励计划，使学生得以更全面地认识、提升自己，并更善于展示自己。

(三) 产学研相结合，着力培养创新创业人才

通过促进科技与产业融合，英国高校逐步完善了产学研合作教育模式。与偏重理论教育的传统人才培养模式相比，产学研合作教育模式能够充分发挥高校、科研机构、企业等参与者在人才培养中的个性优势，通过分析教学、科研和企业需求的共性，将教育目标与社会需求有机融合起来，进而帮助学生将理论学习与工作实践结合起来。在此过程中，创新创业精神的培养贯穿于人才培养的各个环节，不仅能够提升学生的实践应用能力，也可以提升学生的创新创业能力。以创立于 20 世纪 60 年代的英国沃里克大学（the University of Warwick）为例，其通过走“学术与创业相结合”的发展道路，仅用几十年的时间就迅速成长为英国著名的创新创业人才培养基地[①]。

(1)初期培育阶段：20 世纪 80 年代，沃里克大学推动成立了沃里克制造集团。这个集团集科技研发、成果转化和教学培训于一体。在产学研合作中，由于共赢所带来的利益，相关企业愿意向集团投入更多的研发资金，为后续高水平研发和成果转化创造了条件，形成集团发展与产业需求的良性循环。到 1995 年，该集团已经发展成为欧洲最大的从事工程研究与开发的研究生教育中心。

(2)中期提升阶段：为了进一步促进创新创业教育，沃里克大学联合当地政府以及中西部企业集团共同出资建立了沃里克科学园区。通过该平台，沃里克大学不仅强化了与工商界的联系，还得以为本校学生持续提供实地创新创业机会，让所有在校学生都感受到浓厚的创新创业氛围。

(3)拓展升华阶段：除了工程领域的校企合作，该大学还分别成立了劳资关系研究所等多个研究机构，为企业提供咨询和培训服务。这类服务不仅为学校赢得了广泛的社会声誉，还与企业界在科技研发合作之外拓展了更广泛的合作空间。在开展这类服务时，沃里克大学非常注重学校的整体经营以及多样化服务，服务范围甚至延伸到公开艺术表演、出租剧院和学生宿舍、开办

---

① 彭峰. 产学研合作教育与创新创业人才培养：以沃里克大学为例[J]. 高教学刊，2016(3)：25-27.

书店和新闻社等，极大地拓宽了教育经费来源渠道。

在这些校企合作活动中，学校教授带领来自不同学科背景的学生与企业人员成立联合研究小组，其间学生能得到学校导师和企业导师的双重指导，取得很大收获。沃里克大学的案例并不是孤例，如有100多年历史的拉夫堡大学陆续创立的格兰布鲁克创业发展中心、"业务诊所"等创新创业教育机构也是以产学研合作教育模式为主要教育模式，同样取得了不俗的工作业绩。[①]谢菲尔德哈勒姆大学的就业力优异中心、东伦敦大学的创业教育中心、诺丁汉特伦特大学的商业孵化器等也各有特色。

第三节 日本高校创新创业教育

一、日本高校创新创业教育发展历程

（一）萌芽期

日本高校的创新创业教育萌芽于20世纪60年代，当时日本处于经济高速增长期，产业发展迅速，熟练技术工人和高科技人才成为产业界的"急需品"。针对这一形势，一些高等专科学校开始与产业界接触，开展"产学合作"教育，根据产业界的需求培养应用型专业人才。同时，随着高校招生人数的不断增长，部分高校开始开设职业指导类课程，帮助掌握一技之长的应用型技术人才实现创业的梦想，但由于受当时社会对人才的需求状况和学生心理预期等方面的影响，拥有创业愿望的学生并不多，这类课程并没有受到很多学生欢迎。

（二）初创期

20世纪70年代至80年代，日本经济结束高速增长，进入稳定增长时期，对人才的需求也由60年代以熟练技术工人为主转向以经营、管理、营销等多

① 李南，陈云兰.英国高校创新创业教育发展经验及启示[J].智库时代，2018(33)：243-244，257.

领域人才为主。为了适应这一社会需求，日本高校对教学体系进行了调整，将职业规划教育纳入学校教学体系当中，采用总体指导和个别咨询的方式对学生进行创新创业培训。同时，学校还联合产业界和社会机构，在学校开展联合专题讲座，组织学生进行专业实践和实习，并根据产业界的实际需求情况不定期开展有针对性的技能培训，为学生提供更多接触企业、掌握实践技能的机会，形成了比较系统的职业规划教学体系。这种职业规划教育虽然与企业内部对员工的专项培训相比，效果并不显著，但却被认为是日本高校创新创业教育的雏形。①

（三）发展期

进入20世纪90年代以后，日本的经济神话终结，泡沫破灭，失业率创历史新高。在此背景下，日本政府推出了"科教立国"战略。1995年，日本颁布科学技术基本法；1996年，日本经济团体联合会提出"培养具有创新精神的人才"。这充分体现了政界和产业界对能够给经济发展带来全新活力的创新创业型人才的迫切需求。② 作为培养创新创业型人才主力军的高校，也开始更新教育理念，改变教育策略，调整人才培养模式，以应对新的社会需求所带来的机遇。日本高等教育领域在1998年开始实行企业见习制度，通过开展短时间的集中培训，在改变学生就业观念、培养学生就业能力和提升学生工作水平等方面取得了积极成效。同时，高校内部关于创新创业教育的课程和讲座也在不断丰富，创新创业教育理念开始被广大学生接受，越来越多的学生开始关注创新创业教育培训，并积极谋划自己的未来。

（四）成型期

21世纪伊始，日本教育改革国民会议提出"创业家精神"的概念，引导国民开展创新创业实践活动。2003年，日本发表推动青年创业的纲领性文件《青年自立・挑战计划》。③ 同时，日本政府开始引导民间企业进入高校创新创业教育体系中，不断优化高校创新创业教育模式。

---

① 陈江.日本高校创业教育：历史演进、发展特征和经验启示[J].现代教育科学，2017(1)：150-155.

② 李志永.日本高校创业教育[M].杭州：浙江教育出版社，2010.

③ 张昊民，陈虹，马君.日本创业教育的演进、经典案例及启示[J].比较教育研究，2012，34(11)：49-54.

在这样的背景下，许多日本高校采取各种措施推进创新创业教育的发展，逐步形成以在校大学生、研究生和社会人士为教育对象，以培养创业意识、改善思维方式、提升创业技能为核心的创新创业教育新模式。据统计，截至 2008 年，日本的东北大学、信州大学、横滨国立大学、早稻田大学、庆应义塾大学、大阪商业大学等 247 所高校将创新创业教育纳入本科生和研究生教育体系当中，范围涉及国立、公立、私立等各类大学，约占日本高校总数的 46.1%，其中早稻田大学、大阪商业大学等高校还开设了“创业”专业。日本高校的创新创业教育进入规模化和系统化发展时期。

这一时期，日本高校创新创业教育最显著的成果就是形成了“产学官”三位一体的协同发展模式。该模式将代表产业界的开办创新创业教育的非营利性组织和各类企业，代表学界的高校，代表官界的产业振兴集团、地方公共集团、经济产业省进行有效统合①，为创新创业教育的发展提供了便利条件，被日本各级各类高校采纳，成为当前日本高校发展创新创业教育的典型模式。

二、日本高校创新创业教育优势

(一) 先进的教育理念和完善的规章制度

创新创业教育是一种顺应时代潮流的新教育理念，有别于传统的就业教育。它以满足社会发展的实际需求为目的，以创新、创业教育为核心要素，强调要引导学生创造性地提出问题，并用创新思维解决问题，注重对学生创新精神和创业意识的培养。日本高校创新创业教育理念的核心就在于通过学校教育和社会教育二者的共同作用，提升学生的创业技能和应对社会挑战的能力。高校将这种新的教育理念引入日常教学当中，通过授课、开展讲座等方式在学生中间加以宣传和推广，引导学生培养创业意识并掌握创业能力。广大在校学生接受了这种教育理念，这为高校创新创业教育的发展提供了坚实的群众基础。

如果说培养学生的创新精神和创业意识是日本高校创新创业教育的内在动力，那么日本官方颁布的一系列法律规章则为高校创新创业教育的发展创造了良好的外部环境。例如，二战结束初期，日本制定了学校教育法，明确规定要培养学生的职业观念；1982 年，“要培养创新人才”的口号被提出，指引

① 李志永. 日本高校创业教育[M]. 杭州：浙江教育出版社，2010.

了当时日本高校创新创业教育的发展方向；1996 年，日本内阁会议通过《经济结构变革与创造行动计划》，明确指出要在高校建立职业能力开发中心，为学生讲授职业生涯规划相关课程，同时在高校广泛开设创业教育课程，吸引产业界参与高校的科技研发，为学生提供到产业界实践锻炼的机会。[①] 2006 年，日本修改公司法，废止了设立公司必须要有最低 1000 万日元资本金的规定。创业者只要拥有 1 日元，就可以创立自己的公司，这为创业者提供了极大的方便。[②]

（二）完备的机构设置和多渠道的资金来源

日本高校的创新创业教育最显著的特征就是创业教育和创业实践相互结合，二者相辅相成、相互促进。为了实现开展创业教育和扶植创业的双重目的，日本高校普遍设立了专门机构负责具体工作的开展。

在开展创业教育方面，所有开设创新创业课程的高校都设立了专门的教学管理机构，负责创新创业教育相关课程的教学设计、教学实施和质量监控。[③] 开设创业专业的高校，如早稻田大学，更是设置了完备的管理机构，覆盖了从学生管理到教学管理、从后勤管理到财务管理的方方面面。

在扶植创业方面，各高校都设立了创业援助中心，负责学生创业的前期规划和后期管理等方面的指导，同时还设立了创业后援基金，专门用于资助学生开展创业实践活动，以解决学生创业之初资金短缺的困难。[④] 此外，高校还利用多种渠道为创业学生搭建平台、争取资源。例如：争取政府的专项资金援助，建设风险企业实验室，解决创业学生资金不足的问题；搭建创业公共教育信息平台，为学生创业提供有效的信息资源；联合金融机构设立基金会，进行股本操作，支持创新创业科研工作，奖励优秀创业学生；利用校友会等组织筹措资金、发掘资源，为有创业意向的学生提供资金和其他资源。[⑤]

---

① 潘燕萍. 从“自上而下”向“创业本质”的回归——以日本的创新创业教育为例[J]. 高教探索，2016(8)：49-55.

② 闫佳祺，关晓丽. 美国、英国和日本高校创新创业体系的多案例研究及启示[J]. 当代教育科学，2015(21)：48-53.

③ 李志永. 日本高校创业教育[M]. 杭州：浙江教育出版社，2010.

④ 庞世佳，蒋春洋，高云. 日本高校创新创业教育的剖析与借鉴[J]. 高教学刊，2015(21)：12-13.

⑤ 坂口光一. 大学におけるアントレプレナー教育の現状と課題[J]. 教育研究指導，2012(12)：397-400.

(三) 合理的课程设置和多类型的创业道场

创新创业教育最主要的实施手段就是课程教育，课程设置的种类、数量、效果等是检验课程教育是否科学的重要标准，也是检验课程教育发展水平的重要标志。日本高校把创新创业相关课程列入本科生和研究生的课程体系当中，据统计，这些课程总计有 900 余门之多，呈现出体系性、层次性、实践性等特点。这些课程可以分为三大类：一是创业基础性课程，主要包括经营管理、市场营销、金融贸易、税收法律等方面的内容；二是创业实践性课程，主要根据学生的不同层次安排不同的实践内容，如安排刚入学的学生参观工厂、公司等，进行创新创业的启蒙教育，安排高年级的学生进行专业技能训练，参与相关科研项目的研发，参加创新创业比赛等实践活动，安排更高层次的学生到创业园或者创业孵化基地等"创业道场"进行真实的创业实践；三是创业实务性讲座课程，如聘请创业成功者"现身说法"，传授创业经验和创业心得，邀请企业精英或者业界资深人士开展专题讲座等。日本高校中经验丰富、效果明显的讲座项目有早稻田大学的风险企业创业基础讲座、庆应义塾大学的企业家论坛讲座、九州大学的风险企业计划讲座等，这些讲座充分拉近了高校与产业界的距离，使学生能够在走出校门之前就对企业的管理模式和日常运营有充分的了解。[①]

日本高校在开展创新创业教育的过程中，除了开展上述的课程教育外，还为学生设置创业道场，通过实践提升学生的创新创业水平。各高校会根据学生的知识储备和区域经济环境，为学生量身打造创业机会，有时还会多校联合举办校际创新创业规划大赛、创业知识巡讲、创业访谈等活动，有的高校还会为学生创造国际合作的机会，让学生通过与国外高校的交往学习其他国家优秀的创新创业经验等。[②]

(四) 优秀的师资配备

要真正推动创新创业教育的发展，提高创新创业教育的水平，配备优秀的师资力量是关键。因为教师既是理论知识和实践技能的直接传输者，也是学生素质提升的直接推动者。日本高校为了创新创业教育的顺利发展，努力

① 胡万钦，户可英. 美国日本大学生创业教育比较分析[J]. 黑龙江高教研究，2015(5)：51-53.

② 刘双喜，郑越. 日本高校创新创业教育的发展及其启示[J]. 河北农业大学学报（农林教育版），2017，19(6)：28-32.

打造了多元化的创新创业师资队伍，他们大多具备“双师型”背景，既有坚实的理论基础功底，又有创新创业的实践经验，甚至自身就是成功的创业人士或行业专家。日本高校创新创业教育师资主要包括两部分：一部分是校内师资，另一部分是校外导师。据相关资料显示，校内师资数量超过创新创业师资总数的 50%，他们大多是专门从事管理学类、经济学类、法律学类的教学人员或科研人员，其中拥有创业经验的占 40%，拥有理工科教育背景的占 37.1%。[①] 校外导师则具备非常丰富的创新创业实践经验，主要包括风险投资企业经营者、会计师、税务师等，他们能够将自身的经历或者经验融入创新创业教学当中，有效地将理论知识和实践经验结合起来开展教学活动。

三、日本高校创新创业教育模式

（一）产学官联合教育模式

1990 年，由于美国强有力的特许保护政策，日本的经济逐渐失去活力，日本政府意识到产学联合与知识产权对经济的积极作用；1995 年，日本制定了科学技术基本法，向大学等研究机构注入 3870 亿日元经费，以促进创新创业发展；1998 年，日本颁布了大学技术转让促进法（又称 TLO 法），鼓励大学将其研究成果与技术转让到民间企业；1999 年，日本制定了日本版拜杜法案，其中规定由政府资金产生的专利权归属于受委托发明者；2003 年，日本制定了国立大学法人法；2006 年，日本制定了新教育基本法，其中明确记载了“大学的使命之一就是将研究成果返还给社会”等内容。此后，日本活用专利等知识产权的产学联合开始活跃起来，随后政府在“产”和“学”的基础上加入了“官”，最终形成今天的“产学官联合”，亦称为“产官学联合”。[②]

所谓“产”，广义上来说指由民间企业或非营利组织等组成的可以进行商业活动的团体。这些团体为高校创新和创业提供资金支持，将研发成果直接用于经济活动，对促进大学生创业产生了直观效果，最终促进了日本经济的发展。

所谓“学”则是指大学、高等职业技术学校等进行学术活动的团体机构。“学”为新的发明创造培养优秀的人才，为创新创业培养高素质主体，为企业

① 藤崎雅行，城一夫，林田広伸，等. アントレプレナー教育における資質・能力の評価方法の一考察[C]//日本教育情報学会年会論文集，2004(20)：136-37.

② 朱文玉，李汝敏. 日本高校创新创业教育及对我国的启示[J]. 教育探索，2018(4)：121-125.

发展提供原动力。高校主要对学生、教师进行知识产权教育和普及创新创业知识、方法，以推动学生团体进行创新创业，强化教师的创造意识。

所谓"官"是指国家或地方公共团体等组织，广义的"官"是指政府出资运营的实验研究机构。其目标是出台推动科学技术发展的政策，基于国家原有的战略目标改善研发基础及相关制度。换言之，国家及地方公共团体要为知识产权教育和创业教育提供政策支持，以求推动创新创业顺利发展。

产学官联合教育模式将产学官三者联合起来，相互影响。"学"为企业输送人才和技术，"产""官"为"学"提供资金、政策支持，"产""学"相互联合建立实习等相关制度，培养教师和学生的创新创业能力。进入 21 世纪，日本的产学官联合教育模式的框架基本确立，并臻于成熟和完善。日本"产学官"联合教育模式的最大特点是政府的主导性强，政府在三者合作中起到了关键性的作用。①

（二）依托创新创业社团的教育模式

为推动知识产权教育和创新创业发展，日本部分高校建立了特色社团，如创新创业社团。以九州大学和崇城大学为例，两所高校均设立了创业部，也就是中国高校所称的创业社团。创业部成立的主旨是实行创业教育，帮助无资金、无人脉、无经验的学生进行创业。创业部会通过大学、研究生院开展创业讲座，通过讲座吸引学生加入社团，激发学生创业热情，并教授其创业方法。经过创业部训练的学生，拥有更好的知识产权素养，且创业成功率更高，这值得我国学习借鉴。2014 年，崇城大学开始依托创业部开展创业者养成计划，希望联合大学、社会开展课程、讲座，为当地经济注入活力。这种创业社团和创业者养成计划得到日本社会各界的普遍认可，并受到日本经济产业省的表彰。

（三）重视讲座和短期课程的教育模式

2000 年后，日本教育改革国民会议正式提出将"培养创业家精神"列入日本教育方针。为推动创新创业发展，日本各高校纷纷安排了各类讲座，对不同专业的学生有针对性地普及知识产权、创新创业知识。除了高校以外，政府、民间组织等也会走进高校，向人们解答创新创业方面的基本问题。

---

① 吴达飞，江一帆. 日本"产官学"创新创业模式的启示性研究[J]. 襄阳职业技术学院学报，2020，19(1)：47-50.

(四) 实习制度的教育模式

实习制度又称实践型人才养成制度，是日本推广创新创业的重要方式。20 世纪 90 年代以来，日本在高校范围内推行见习制度，也就是我们常说的实习制度，以培养实践型人才以及大学生的创新创业能力。虽然政府会对企业收取“实习税”，但是接受实习生的企业可以免除部分税收，企业每接受一名实习生将免除 1600 日元的税收。此外，国家还会免除企业为实习生缴纳的社保税，并为参加实习的学生提供补偿金。对企业来说，实习制度可以使学生在短时间内成为正式员工，成为企业的一大助力，同时还可减轻企业的负担；对实习者来说，实习训练能够帮助创新创业者学习一定的技能，增加自己创新创业成功的概率。

第四节　德国高校创新创业教育

一、德国高校创新创业教育发展历程

与美国相比，德国高校在创新创业教育的发展特色和体系结构方面毫不逊色，其演进历程分为四个阶段。第一，萌芽阶段（20 世纪 50 至 60 年代）。由于德国的某些职业院校经济类专业出现教学实践困境，为了摆脱该困境，“模拟公司”开始出现，这是德国创业教育开始萌生的伟大时刻。第二，探索阶段（20 世纪 70 至 80 年代）。在该阶段，德国一些以商贸和手工业培训为主的非全日制学校最先开设创业类教育课程，随后全日制大学才开始开设较正式的创业类教育课程。其中，科隆大学在 1970 年成立了德国第一个关于创业教育的研究计划和教学课程。第三，发展壮大阶段（20 世纪 90 年代中后期至 21 世纪初）。此时，德国民众失业率持续走高，大学生就业面临较大困难，国内经济结构面临调整。因此，德国政府迫切希望通过创业减缓失业状况，稳定国内形势。1999 年，政府和高校开始推动社会参与大学生创业等计划，为大学生接受创业训练提供环境和平台。第四，成熟完善阶段（21 世纪至今）。进入 21 世纪，德国政府大力支持高校创新创业教育及高校与德国企业之间的

产学结合。德国高校不断壮大自身创新创业教育的师资力量，不断完善创新创业教育体系[①]，创新创业教育的社会地位得到较大肯定与提升，其社会价值不断显现。

二、德国高校创新创业教育发展特征

德国也是较早开展创新创业教育的国家。20 世纪 70 年代，创新创业教育在德国高校中持续发展。经过多年的努力，德国已经形成了浓厚的高校创新创业文化氛围、优良的创新创业教育师资队伍、系统的创新创业课程体系、较为完备的创新创业教育政策等。

德国各高校不断强化创新创业文化的建设和培育。例如，慕尼黑工业大学长期注重学校创新创业文化氛围的营造[②]，教师和学生都以各种形式积极参与学校、企业组织的创新创业活动和项目，逐步形成了学术研究、技术研发与创业发展相互依存、相互促进的良好局面。德国高校每年定期举办以创新创业为主题的大型会议和论坛，交流最新的创新创业研究成果。在这些会议上经常会出现各行各业成功的企业家和著名的专家学者，这吸引了很多学生参加。学生与业界和学界的资深人士近距离接触，有利于高校营造浓厚的创新创业教育氛围。[③] 由于对创新创业教育十分重视，德国高校有很多水平较高的专业教师和研究创新创业领域的专家教授。

德国高校还建立了一套较为完备的创新创业课程体系，主要包括创新创业法律法规、企业创业管理、企业财务管理、企业战略管理、产品创新研发、企业家精神培养等几十门课程。德国的高等教育分类明确，主要分为综合型和应用型高校，不同类型高校的教育侧重点有所不同。在创新创业教育方面，综合型高校主要侧重于思维创新、理论创新和商业模式创新等方面的培养，而应用型高校则不同，它们主要结合自身定位，培养学生的技术创新、生存性创业素养能力等。各高校定位明确，在各自擅长的领域里深耕细作，但是在同一区域内，两类高校又会密切合作，共同培育和扶持高质量的创新创业

① 焦健，沈亚强. 美国、德国高校创新创业教育的发展历程、特点及启示[J]. 河南科技学院学报，2016，36(12)：49-52.

② 张玉，周强，李福华，等. 国外创新创业教育对我国的启示——以麻省理工学院和慕尼黑工业大学为例[J]. 中国高校科技，2017(3)：59-61.

③ 余文冲. 德国经验对我国应用型高校创新创业教育的启示[J]. 农家参谋，2019(6)：214.

项目。[①]

此外，德国高校十分重视与当地政府、企业共同搭建创新创业实践平台，在创新创业实践中加强对大学生创新创业能力的培养。如德国高校和企业协同合作，构建各种各样的孵化模块，为大学生创新创业提供服务机构和场所，更重要的是通过降低大学生入驻孵化器进行创新创业的门槛，以政府补贴方式进行资助，为大学生创新创业提供保障和激励。高校注重与行业企业、科研机构等建立广泛的创业合作网络[②]，如慕尼黑工业大学与相关企业建立了一种互动互利关系，不仅加强了学校与企业、科研机构等的沟通和联系，也加强了创新创业合作网络内部不同个体之间的联系和交流。

三、德国高校创新创业教育模式及经验

（一）德国高校创新创业教育的主要模式

1. 高等职业技术学校、综合型大学与应用技术大学联合培养

德国有着完善的高等教育体系，中学毕业生可以根据个人爱好和选择的发展方向进入高等职业技术学校（高职院校）、综合型大学或者应用技术大学深造。在创新创业教育方面，高职院校侧重对学生技术特长的培养，着重于提升其生存性创业素养和能力，综合型大学则更为强调对大学生立足于本专业的创新思想的启发和商业模式运作技能的训练。1985年修订的高等学校总纲法赋予了应用技术大学发展应用性科研的使命，应用性科研成为应用技术大学的必要任务。[③] 在具体实践层面，同一地区的高职院校、综合型大学与应用技术大学普遍有着较为广泛而深入的合作，共同提供资源扶植前景良好的高质量创新创业项目。德国政府提出高校是创业者的摇篮，每年独立创业的大学毕业生应占毕业生总数的20%～30%。[④] 在政府"高校创业教育促进计划"和"生存-学术创业计划"的推动下，一部分德国大学转型为创业型大学。

---

① 陈诗慧，张连绪. 大学生创新创业教育的国际模式、经验及借鉴——基于美国、德国、日本等三国的比较[J]. 继续教育研究，2018(1)：115-120.

② 黄一涛. 美国、德国、加拿大创新创业教育发展特征及启示[J]. 职业技术，2018，17(4)：25-28.

③ 朱佳妮. 追求大学科研卓越——德国"卓越计划"的实施效果与未来发展[J]. 比较教育研究，2017，39(2)：46-53.

④ 程培岩，刘淑芳，王丽娟，等. 典型发达国家高校创新创业教育产学研合作模式的研究与借鉴[J]. 山西高等学校社会科学学报，2020，32(10)：61-66，71.

2. 以创新创业论坛推动创新创业教育的研究和发展

德国很多高校都热衷于举办以创新创业为主题的高端论坛、峰会，通过这种方式推动学术界对创新创业教育的研究，并以此为基础构建完善的与专业学科学习相结合的高校创新创业教育体系。在慕尼黑大学、海德堡大学、斯图加特大学等德国知名大学里，每年都会定期举办创业培训和创业峰会，这已经成为惯例。在这些推动大学生创新创业的活动中，常能见到成功的企业家和著名的专家学者的身影，他们的支持在大学校园中形成了浓厚的创新创业教育氛围。①

3. 以校企合作推动大学生创新创业实践

德国的银行和大型企业往往配置有支持大学生创业的专项基金，每年都会向合作大学的创业项目进行投资，支持高校创新创业教育的发展。不仅如此，那些实力雄厚的大型企业常常以课题研究、公益项目、创业大赛等丰富多样的形式吸引高校师生投入解决企业实际问题的实践中，有效地提高大学生的动手能力，拓宽大学生的社会视野。政府还鼓励占德国高校总数 43% 的应用技术大学成立应用型研究所、应用型公司、技术转让中心，与企业、科研机构紧密合作，进行广泛的科研、生产、教育和经济活动。②

（二）德国高校创新创业教育的主要经验

1. 创新创业教育与实践紧密结合

德国高校的专家教授、商业领域的精英对创新创业教育的战略意义、社会价值、教育目的有着深刻的认知和理解，普遍的社会共识为高校创新创业教育奠定了天独厚的社会基础。因此，德国的企业都对大学生创业项目抱有较高的热情，对创业项目的失败有着很高的宽容度。不仅如此，正如前文所述，大多数大型企业对支持大学校园内的创新创业都有较高的积极性，既投入资金，又不定期与高校师生交流互动、提供指导。除此之外，德国高校非常重视与各类社会组织、行业企业的合作，有专门的组织机构与社会力量接洽磋商、沟通协调，这些都极大地促进了高校创新创业教育的发展。

① 陈诗慧，张连绪. 大学生创新创业教育的国际模式、经验及借鉴——基于美国、德国、日本等三国的比较[J]. 继续教育研究，2018(1)：115-120.

② 李建勋，夏建中. 德国 FH 模式对中国创新创业人才培养的启示[J]. 创新创业理论研究与实践，2018，1(14)：72-75.

2. 对大学生创新创业的微观指导深入细致

首先，德国已经形成较为完整的大学生创新创业教育体系。在课程设置上，创新创业教学内容涵盖企业创立、融资、经营、管理等各方面，具体细分为创新创业政策解读、撰写商业计划书、企业创办流程、企业管理理论与实践、企业营销等几十门课程，并有针对性地匹配大量的实践活动，系统的创新创业教育为大学生创新创业打下了良好的基础。[①] 其次，德国高校一般都设立有专门的大学生创新创业指导服务中心，为有创业意愿和创业想法的大学生提供创业咨询服务、创业技能培训、创业条件保障等全方位服务，确保每一名大学生的创新创业项目都能得到优质、高效、细致、深入的指导。

① Klandt H, Volkmann C. Development and Prospects of Academic Entrepreneurship Education in Germany[J]. Higher Education in Europe, 2006, 31(2): 195-208.

第四章

体育人才创业教育与创新思维培养现状调查研究

第一节 体育人才创新创业教育现状调查研究的设计与实施

体育人才是指有一定体育学识和技能，并能在体育领域里进行创造性劳动，从而为物质文明、政治文明、精神文明建设做出贡献的人。在我国教育体系中，除了体育类院校外，综合类、师范类、理工类、农林类、医药类、财经类等不同类型院校均开设有体育类专业。在学历层次方面，体育人才应当覆盖专科、本科、硕士研究生、博士研究生四个层面。体育学作为一级学科，学科代码为 0403，属教育学门类，下设体育人文社会学（040301）、运动人体科学（040302）、体育教育训练学（040303）、民族传统体育学（040304）四个二级学科。体育人才创业教育与创新思维培养现状调查主要面向体育类院校进行。我国共有 14 所普通本科体育类院校，即北京体育大学、上海体育学院、武汉体育学院、成都体育学院、天津体育学院、西安体育学院、广州体育学院、首都体育学院、南京体育学院、沈阳体育学院、吉林体育学院、哈尔滨体育学院、河北体育学院、山东体育学院。

调查主要以发放调查问卷、专家访谈、实地调研等方式进行。本研究根据社会学调查问卷设计的基本原理，自行设计了“体育人才创业教育与创新思维培养现状调查问卷”。问卷主要调查高校创新创业现状、体育人才创新创业意识和能力、创新创业教育存在的问题等，并对调查结果进行了信度和效度检验。

问卷主要面向体育类院校发放，同时少量发放至综合类院校、师范类院校的体育学院。调查所涉专业包括体育教育训练学（体育教育、运动训练等）、武术与民族传统体育、运动人体科学（运动医学、运动康复、运动心理学等）、体育人文社会学（体育经济学、体育新闻学、体育外事英语等）、体育工程类（体育装备工程、体育信息技术等）、体育艺术类（舞蹈学、表演、体育广告设计与策划、播音主持类等）等专业。

问卷发放采用线上线下相结合的方式进行。共发放问卷 240 份，回收问卷 235 份。其中，有效问卷 235 份，有效回收率为 97.92%。

调查问卷内容如下。

体育人才创业教育与创新思维培养现状调查问卷

亲爱的同学，您好！为了了解体育人才创业教育与创新思维培养的现状，现耽误您几分钟宝贵的时间进行问卷的填写，请您如实填写问卷的有关内容，您的相关信息我们都会进行保密。非常感谢您的参与和合作！

1. 您的性别是（　　）

A. 男　　B. 女

2. 您的学历层次是（　　）

A. 专科生　　B. 本科生

C. 硕士研究生　　D. 博士研究生

3. 您所在年级是（　　）

A. 一年级　　B. 二年级

C. 三年级　　D. 四年级

E. 五年级

4. 您所在的学校属于（　　）

A. 体育类院校　　B. 综合类院校

C. 师范类院校　　D. 理工类院校

E. 农林类院校　　F. 医药类院校

G. 财经类院校　　　　　　　　　　H. 其他

5. 您所学的专业类别是(　　)

A. 体育教育训练学(体育教育、运动训练等)

B. 武术与民族传统体育

C. 运动人体科学(运动医学、运动康复、运动心理学等)

D. 体育人文社会学(体育经济学、体育新闻学、体育外事英语等)

E. 体育工程类(体育装备工程、体育信息技术等)

F. 体育艺术类(舞蹈学、表演、体育广告设计与策划、播音主持类等)

G. 其他体育相关专业

6. 您对大学生创新创业教育是否了解(　　)

A. 完全不了解　　　　　　　　　B. 不太了解

C. 一般了解　　　　　　　　　　D. 比较了解

E. 非常了解

7. 您未来有创业的打算吗(若选 A 或 B 选项,请填写 8、9 题;若选其他选项,则跳过 8、9 题,直接进入第 10 题)(　　)

A. 有,并且已有明确规划

B. 有,但还没有明确规划

C. 不打算创业,准备升学(留学)

D. 不打算创业,有意向考公务员、事业单位等

E. 不打算创业,寻求其他就业途径

8. 如果您有创业计划,您的创业方向是(　　)

A. 本专业涉及的领域　　　　　　B. 社会热门领域

C. 自己感兴趣的领域　　　　　　D. 其他

9. 您认为您现有的创业知识和技能是否满足创业需要(　　)

A. 完全满足　　　　　　　　　　B. 基本满足

C. 基本不满足　　　　　　　　　D. 完全不能满足

E. 不太清楚

10. 您认为阻碍您创业最重要的三个因素是什么(多选)(　　)

A. 缺少资金　　　　　　　　　　B. 没找到合适的创业项目

C. 没找到合适的创业伙伴　　　　D. 政策环境不允许

E. 家人反对　　　　　　　　　　F. 缺乏创业意识

G. 其他

11. 您对创新创业教育的认识是(多选)(　　)

A. 响应政府号召开设的课程　　B. 帮助学生就业

C. 丰富校园第二课堂　　D. 培养学生“双创”意识和能力

E. 其他

12. 学校是否开展了创新创业教育的相关课程(若选 A 选项,请填写 13、14 题;若选 B 选项,则跳过 13、14 题,直接进入第 15 题)(　　)

A. 是　　B. 否

13. 你们学校开设的“双创”教育课程属于(多选)(　　)

A. 必修课　　B. 选修课

C. 讲座　　D. 其他

14. 你们学校“双创”课程的教育方式是(多选)(　　)

A. 传统课堂　　B. 情景模拟,案例分析

C. 小组讨论　　D. 校外基地参观实践

E. 其他

15. 针对“双创”课程,您认为哪种学习方式有效(多选)(　　)

A. 理论学习　　B. 进行实践训练

C. 参加方法培训课程　　D. 举办“双创”大赛

E. 聘请知名校友当讲师　　G. 其他

16. 您认为您所在学校的创业指导机构为大学生提供的创业服务是否充足(　　)

A. 服务很充足　　B. 服务一般

C. 服务不充足　　D. 不太清楚

17. 您是否参加过创业大赛(　　)

A. 有　　B. 无

18. 您认为创业大赛的举办对学生有什么好处(多选)(　　)

A. 学习创业的基本知识,帮助创业　　B. 锻炼自我能力

C. 结识志同道合的人,拓展人脉　　D. 被迫参加,没有体会

E. 其他

19. 你们学校在“双创”教育方面开展了哪些实践活动(多选)(　　)

A. 基地实训　　B. 校外实习

C. 项目申报　　D. 技能比赛

E. 其他

20. 你认为你们学校在提升“双创”技能的实践环节中存在哪些问题(多选)(　　)

A. 缺少实践平台

B. 学生自身对实践环节的重视不够

C. 缺乏专业教育与创业教育的融合

D. 老师缺乏创业实践经验

E.“双创”技能教育在实践环节没有形成完整的体系

F. 其他

21. 你认为你们学校在“双创”教育开展过程中还存在哪些不足(多选)(　　)

A. 重视度不够　　B. 缺乏完整的管理体系

C. 资金有限　　D. 缺少创业孵化基地

E. 师资力量不足　　F. 缺乏实践环节

G. 缺乏合作的政企资源　　H. 其他

22. 关于体育类院校“双创”教育,你有什么意见或建议?

非常感谢您的参与和合作!

第二节　体育类院校创新创业教育现状调查结果的整理和分析

一、创新创业教育客体现状

根据调查数据(表1),我国体育类院校现有的学生男女比例较均衡,调查对象中男生有126人,女生有109人,分别占被调查者总人数的53.62%、46.38%。随着我国高等教育改革的推进,各地方高校不断扩招,研究生招生人数也在逐年增加。体育类院校作为专业性较强的高校,在人才培养方面也须适应社会发展的多样化、多层次要求。由表2可知,在调查的学生中本科生有44人,硕士研究生有191人。不仅本科生有创业需求,研究生也有创业需求。但是本科生与研究生在创业意识培养、创业素质与能力培养等方面存在差异，这对我国体育类院校的创新创业教育提出了因材施教的要求，加大了实施创新创业教育的难度。目前，一方面，社会上提供的大多数创业政策是针对本科生的，极少有对研究生创业的政策支持；另一方面，研究生年龄通常比本科生大，研究生中可能有更多人会选择稳定的工作。但是研究生比本科生专业性更强，如果从事本专业的创新创业活动，理论上更容易取得成功。

表 1　被调查者性别分布

性　别	人数	比　例
男	126	53.62%
女	109	46.38%

表 2　被调查者学历分布

学　　历	人数	比　例
本科生	44	18.72%
硕士研究生	191	81.28%

由表 3 可知，大部分被调查者来自体育类院校，仅少数被调查者来自其他类院校。我们此次选择的问卷发放对象是设置有体育专业的院校，包括体育类院校、综合类院校、理工类院校、师范类院校、农林类院校、医药类院校、财经类院校等。不同类型的院校由于培养体育专业学生的方式不一样，体育课程内容的设置方式不一样，对创新创业体育人才的培养方式也就不一样。例如，体育类院校的教师可能专业性更强，提供的体育器材设施也更先进，这更有利于体育人才专业素质的培养。

表 3　被调查者所在院校分布

院校类别	人数	比　例
体育类院校	198	84.26%
其他	37	15.74%

由表 4 可知，被调查者的专业大部分是与体育运动直接相关的，例如体育教育、运动训练等，也有一些是与体育有关的交叉学科，如体育经济学、体育新闻学等。随着经济发展，越来越多的交叉学科出现，这些交叉学科将体育与不同的学科联系在一起，让大家从各个不同的层面来了解体育，让体育更

好地融入生活中。

表4 被调查者专业分布

专业类别	人数	比例
体育教育训练学（体育教育、运动训练等）	114	48.51%
运动人体科学（运动医学、运动康复、运动心理学等）	13	5.53%
体育人文社会学（体育经济学、体育新闻学、体育外事英语等）	34	14.47%
体育工程类（体育装备工程、体育信息技术等）	5	2.13%
体育艺术类（舞蹈学、表演、体育广告设计与策划、播音主持类等）	31	13.19%
其他体育相关专业	38	16.17%

二、体育专业学生对创新创业的认识情况

近年来，社会各界纷纷响应“大众创业、万众创新”的号召，“创新创业”这个词已逐渐渗入社会各个领域。国内高校比较亲睐的“挑战杯”中国大学生创业计划竞赛进行得如火如荼，让学生们得以直接接触和了解创新创业，促进创新成果转化不断升级，激发了学生对创新创业的参与热情。表5显示，仅有6.81%的体育专业学生对创新创业“非常了解”，10.64%的学生对创新创业“比较了解”，44.68%的学生对创新创业“一般了解”，而34.47%的学生对创新创业“比较不了解”，3.40%的学生对创新创业“非常不了解”。这表明创新创业教育在体育类院校的宣传力度不够，受众数量较少，将近一半的学生还未形成关于创新创业的正确认识，对创新创业的认识有偏差且不够全面。

表5 体育专业学生对创新创业的了解程度

了解程度	人数	比例
非常了解	16	6.81%
比较了解	25	10.64%

续表

了解程度	人数	比例
一般了解	105	44.68%
不太了解	81	34.47%
完全不了解	8	3.40%

学生关于创新创业的认识对开展创新创业实践很重要，表 6 是被调查者对创新创业认识的调查情况，55.32%的学生认为创新创业可以培养学生的“双创”意识和能力，45.53%的学生认为开展创新创业是为了帮助学生就业，36.60%的学生认为创新创业是学校为了响应政府号召开设的课程，29.79%的学生认为创新创业有助于丰富校园第二课堂。可以看出，大多数学生认为创新创业可以提升自己、帮助自己，但是仍有接近一半的学生认为创新创业只是为了响应政府的号召，这说明各学校对创新创业教育落实得不是很到位。

创业一词十分古老，在我国古代即有开创、建立事业的含义。随着人类社会不断进步与发展，创业一词的内涵得到了扩展与补充。根据前辈们对创业的研究，现阶段的创业大致可以从狭义与广义两个角度来理解：在狭义方面，创业就是创办一个企业，经营一个公司，并从中获得财富和社会地位；在广义方面，创业是一种创造新价值的活动。在后者意义上，创业包含创新，是个永不停息的过程，活动的主体即创业者在已有资源和能力的情况下，通过捕获机会、付出努力，实现自身价值和为社会做出贡献。由此可见，体育专业学生对创业的理解更多地还停留在语词表面。

表 6　被调查者学生对创新创业的认识

对创新创业的认识	人数	比例
响应政府号召开设的课程	86	36.60%
帮助学生就业	107	45.53%
丰富校园第二课堂	70	29.79%
培养学生“双创”意识和能力	130	55.32%
其他	1	0.43%

表 7 是被调查者认为学校举办创业大赛对学生的好处的调查情况，80%的学生认为举办创业大赛可以锻炼自身的能力，77.45%的学生认为举办创

业大赛可以帮助自己学习创业的基本知识，68.94%的学生认为举办创业大赛可以使自己结识志同道合的人，以拓展人脉。由此可以看出，很大部分学生认为举办创业大赛有很多好处，不仅可以使自己学到知识、提升能力，还可以拓展人脉、结识更多的朋友。从以上数据可以看出，大多数学生都觉得举办创业大赛对自身有很大帮助，他们应该很乐意从事创新创业活动。

表 7　被调查者认为举办创业大赛对学生的好处

创业大赛的举办对学生的好处	人数	比　　例
学习创业的基本知识，帮助创业	182	77.45%
锻炼自我能力	188	80.00%
结识志同道合的人，拓展人脉	162	68.94%
被迫参加，没有体会	21	8.94%
其他	2	0.85%

三、体育类院校开展创新创业教育的现状

(一) 创新创业教育开展形式

表 8 展示了被调查者所在院校开设的“双创”教育课程形式，可以看到 46.38%的学生所在学校把创新创业课程设置为选修课，22.13%的学生所在院校把创新创业课程设置为必修课，32.34%的学生所在学校把创新创业课程设置为讲座。几乎一半的被调查者所在学校把创新创业教育课程设置为选修课，说明学校对创新创业教育的重视程度不是很高。虽然有的学校为了响应国家和政府的号召，设置了一些“双创”教育课程，但是落实得不是很到位，因为选修课和讲座等课程，学生都可以选择不上。

表 8　被调查者所在学校开设的“双创”教育课程形式

“双创”教育课程形式	人数	比　　例
必修课	52	22.13%
选修课	109	46.38%
讲座	76	32.34%
其他	2	0.43%

表 9 是被调查者所在院校创新创业课程教育方式调查情况。从表中可清晰地看出 48.09%的学生所在学校采用的是传统课堂的教育方式，30.21%的学生所在学校通过情景模拟、案例分析等教育方式来激发学生的参与积极性，19.15%的学生所在学校通过小组讨论的方式对学生进行“双创”课程教育，另外有 19.15%的学生所在学校会带领学生进行校外基地参观实践。以上数据表明，情景模拟、小组讨论、校外实践等教育形式在体育类院校“双创”教育中运用得不够，各院校应该重视“双创”课程教育方式，多采用一些学生们能接受的、有吸引力的方式来增强学生的“双创”意识和能力。

表 9　被调查者所在学校“双创”课程教育方式

所在学校“双创”课程的教育方式	人数	比　例
传统课堂	113	48.09%
情景模拟，案例分析	71	30.21%
小组讨论	45	19.15%
校外基地参观实践	45	19.15%
其他	8	3.40%

表 10 是被调查者认为有效的“双创”学习方式的调查情况，从中可以清楚地看到被调查者眼中的创新创业学习方式按有效性从高到低排序依次是进行实践训练、参加方法培训课程、开展理论学习、举办“双创”大赛、聘请知名校友当讲师等，其中 68.51%的人认为进行实践训练对“双创”学习很重要。各院校采取了多种形式的“双创”活动来调动学生创新创业的积极性，这是值得肯定的地方。但是大部分院校对学生的实践训练不是特别重视，根据以往研究可得，实践可以培养学生的创新创业能力，更有利于体育专业学生的发展。因此，各院校应当注重提高学生创新创业的实践能力，把理论与实践结合起来，这样才能培养更多更优秀的“双创”体育人才。

表 10　被调查者认为最有效的“双创”学习方式

有效的“双创”学习方式	人数	比　例
开展理论学习	73	31.06%
进行实践训练	161	68.51%
参加方法培训课程	84	35.74%

续表

有效的“双创”学习方式	人数	比例
举办“双创”大赛	67	28.51%
聘请知名校友当讲师	45	19.15%
其他	2	0.85%

(二)创新创业活动开展状况

由表 11 可知,74.89%的学生没有参加过创业大赛,只有 25.11%的人参加过创业大赛。由此可以看出大部分学生对参加创业大赛的积极性不高。可能很多学生知道有创业大赛这回事,甚至有些人也有一些创业想法,但是要将想法付诸实践似乎很难,因为不是光有想法就可以做成事的。各体育类院校应该举办一些有吸引力的课程提高学生们的创新创业意识,提高学生的创新创业能力,设置一些奖励来提高学生参加创新创业活动的积极性,争取为社会、为国家培养更多的创新创业体育人才。

表 11　被调查者是否参加过创业大赛调查

是否参加	人数	比例
是	59	25.11%
否	176	74.89%

如表 12 所示,57.87%的被调查者所在学校开展了项目申报活动,51.06%的被调查者所在学校开展了技能比赛,44.26%的被调查者所在学校开展了校外实习活动,36.60%的被调查者所在学校开展了基地实训活动。从中可以看到各学校在“双创”教育方面开展的活动是多种多样的,包括基地实训、校外实习、项目申报、技能比赛等。学校开展多种不同的实践活动可以调动学生的参与积极性,让学生在实践中获得更多的知识和技能。俗话说,实践出真知,在实践过程中获得的知识和技能一定会对学生日后的创业有帮助。

表 12　被调查者所在学校在“双创”教育方面开展的实践活动

开展的实践活动	人数	比例
基地实训	86	36.60%

续表

开展的实践活动	人数	比例
校外实习	104	44.26%
项目申报	136	57.87%
技能比赛	120	51.06%
其他	10	4.26%

（三）创新创业教育目前存在的问题

如表 13 所示，被调查者认为阻碍创业的三个主要因素是缺少资金、没有找到合适的创业项目、没有找到合适的创业伙伴。其中高达 80.43％的被调查者认为缺少资金是主要因素，超过一半的被调查者认为自己缺乏创业意识，还有一小部分被调查者认为所在地区的政策环境不允许或遭到家人反对等。的确，资金支持很重要，如果学生有创业的想法，并且已经想好了实施计划，但是没有资金支持，依然什么也做不了。当然，创业除了要有好的想法、有资金支持，还得有合适的创业伙伴，有的时候一个人的能力有限，必须得团队合作才能把一件事完成。被调查者中大部分人是硕士研究生，研究生由于年龄比较大，承担的家庭责任比本科生要重一些，所以他们的家人可能会希望他们更多地从事稳定的职业，例如当公务员或者在事业单位工作，而不是从事创业这种有风险的活动。

表 13　被调查者认为的阻碍创业的主要因素

阻碍创业的主要因素	人数	比例
缺少资金	189	80.43%
没找到合适的创业项目	171	72.77%
没找到合适的创业伙伴	113	48.09%
政策环境不允许	25	10.64%
家人反对	10	4.26%
缺乏创业意识	121	51.49%
其他	3	1.28%

表 14 是被调查者眼中所在学校在提升“双创”技能的实践环节中存在的

问题。其中，62.98%的被调查者认为所在学校学生本身对提升“双创”技能的实践环节重视不够，60.43%的被调查者认为所在学校在提升“双创”技能的实践环节中缺乏专业教育与创业教育的融合，57.02%的被调查者认为所在学校缺少提升“双创”技能的实践平台，39.57%的被调查者认为所在学校的“双创”技能教育在实践环节没有形成完整的体系。由此可以看出，被调查者认为学校和学生对创新创业实践环节的重视都不够。学校不仅要为学生提供创新创业的实践平台，而且应该安排有创业实践经验的老师来教授学生，这样学生才能更加深入地了解创新创业。

表 14　被调查者认为所在学校在提升“双创”技能的实践环节中存在的问题

存在的问题	人数	比　　例
缺少实践平台	134	57.02%
学生自身对实践环节的重视不够	148	62.98%
缺乏专业教育与创业教育的融合	142	60.43%
老师缺乏创业实践经验	50	21.28%
“双创”技能教育在实践环节没有形成完整的体系	93	39.57%
其他	5	2.13%

表 15 是被调查者眼中学校在开展“双创”教育过程中存在的不足。其中，54.47%的人认为自己所在的学校缺乏完整的管理体系，47.66%的人认为自己所在的学校对“双创”教育的重视不够，44.68%的人认为所在学校在“双创”教育方面存在资金有限的问题，41.28%的人认为所在学校缺乏实践环节，40.00%的人认为所在学校缺乏创业孵化基地，29.36%的人认为学校缺乏合作的政企资源，23.40%的人认为所在学校师资力量不足。学生在实施创业计划的过程中会面临很多问题，学校应当重视这些暴露出来的问题，更加重视“双创”教育，重视学生的创业实践，建立更加完整的管理体系，建立创业孵化基地，为想创业的学生提供适当的资金支持等。

表 15　被调查者认为所在学校在开展“双创”教育过程中存在的不足

存在的不足	人数	比　例
重视度不够	112	47.66%
缺乏完整的管理体系	128	54.47%
资金有限	105	44.68%
缺少创业孵化基地	94	40.00%
师资力量不足	55	23.40%
缺乏实践环节	97	41.28%
缺乏合作的政企资源	69	29.36%
其他	6	2.55%

四、体育类院校学生对创新创业教育的需求状况

表 16 显示了被调查者的创新创业打算，其中有 36.59％的学生打算创业，63.41％的学生不打算创业。后者中有的准备升学（留学），有的准备考公务员和事业单位等，有的则打算寻求其他的就业途径。被调查对象大部分为研究生，研究生的职业选择多是继续升学或考公务员、事业单位。在计划创业的群体中，大部分人虽然有创业打算，但是还没有明确的规划。学校应该开展一些创新创业活动来指导学生实现自己的创业想法，或者请一些创业成功人士分享经验。由于我国经济下行压力增大，学生就业形势越来越严峻，国家和学校应加大创新创业的宣传力度，逐渐落实各项管理措施，使希望创业的学生获得相应的帮助和机会。

表 16　被调查者对创业的打算

创业打算	人数	比　例
有，并且已有明确规划	15	6.38%
有，但还没有明确规划	71	30.21%
不打算创业，准备升学（留学）	24	10.21%
不打算创业，打算考公务员、事业单位等	106	45.11%

续表

创业打算	人数	比例
不打算创业，寻求其他就业途径	19	8.09%

表 17 为被调查者中有创业计划的学生的创业方向，54.65%的人的创业方向是与自己的专业相关的，还有 36.05%的学生想在自己感兴趣的领域中创业。大部分人想创业的方向与自己的专业相关，这一点非常好。这可以为国家提供更多的专业创新人才，并且只有专业性强、对专业感兴趣的人才更有可能在创新创业活动中取得成功。因为要开展创新创业活动，光有想法是不够的，还得有一定的专业技术支撑以及一定的热情。

表 17　体育类院校有创业计划的学生创业的方向

创业方向	人数	比例
本专业涉及的领域	47	54.65%
热门领域	6	6.98%
感兴趣的领域	31	36.05%
其他	2	2.32%

如表 18 所示，有创业计划的学生中，48.83%的人认为自己目前的创业知识和技能基本不满足创业需要，30.23%的学生认为基本满足创业需要，只有极少部分学生认为自己的知识和技能完全满足创业需要。由此可以看出，学校或者当地政府应当采取一些措施来帮助学生更好地满足自己的创业需求。比如，学校可以邀请创业成功的优秀校友回母校召开经验分享会，或者多提供一些机会让学生进行创业实践，提升学生的创业能力。体育类院校可以根据体育专业特色或者利用学校的体育设施来更好地为学生提供创新创业实践服务。政府应该出台一些政策来帮助体育专业大学生更好地开展创新创业活动，例如提供资金支持、提供创业奖励等。

表 18　有创业计划的学生对自己的创业知识和技能是否满足创业需要的认识

是否满足创业需要	人数	比例
完全满足	12	13.95%

续表

是否满足创业需要	人数	比　　例
基本满足	26	30.23%
基本不满足	42	48.84%
完全不能满足	5	5.82%
不太清楚	1	1.16%

表 19 是关于被调查者认为其所在学校创业指导机构提供的创业服务是否充足的调查情况，其中 17.87%人认为所在学校创业指导机构提供的创业服务很充足，大约一半的人认为服务一般，其他的人认为服务不充足或不太清楚。这说明各院校还得继续完善创新创业指导服务，促进学生更好地创业。

表 19　被调查者所在学校创业指导机构提供的创业服务是否充足

是 否 充 足	人数	比　　例
服务很充足	42	17.87%
服务一般	115	48.94%
服务不充足	23	9.79%
不太清楚	55	23.40%

第五章

体育人才创业教育与创新思维培养存在的问题

第一节 高等体育类院校创新创业教育存在的主要问题

高等学校的主要职能是培养专门人才，发展科学知识，为社会服务。[①] 学生在校期间的主要任务是学习专业知识，提升专业能力，毕业后则面临就业问题。虽然学习专业知识是学生在高校学习中的第一要务，但学生毕业后从事何种工作仍是高校所关心的问题。学生毕业之后如果没有正确的创业观与择业观指导，就很难做出正确的职业生涯规划，容易陷入择业误区，不知道自己想做什么，该做什么，甚至影响自己一生的发展。因此，高等体育类院校应及时解决创新创业教育中存在的问题。

---

① 高虎子，张文. 应用型地方院校促进县域经济发展的路径研究[J]. 北华航天工业学院学报，2018，28(6)：25-27.

一、高等体育类院校创新创业教育存在的主要问题

(一) 创新创业教育的受重视程度和普及程度较低

随着创新创业教育政策在高校的推广和实施，体育类院校逐渐意识到其重要性，但从问卷调查情况来看，大部分体育类院校对创新创业教育的重视程度还不够。

如今很多院校已经在开展关于大学生创业创新方面的教育，但是由于教育观念比较落后，其实际效果并不是很理想。尤其是体育类院校，它们在教学过程中通常更注重学生体育素质的培养和基本知识的传授，并不注重学生创业创新意识的塑造，这样会导致学生对参与创新创业课程缺乏积极性和主动性。

(二) 师资队伍专业性不强

调查显示，大多数高校均开设了“大学生职业生涯规划”“就业指导理论”“创业基础理论”等课程，但任课教师大多由思想政治辅导员兼任。体育类院校思想政治辅导员承担学生管理、党团建设、思政教育等工作，缺乏专业的创新创业理论和实践知识。创业教育多集中于体育人文社会学、体育经济学、体育赛事运营管理等领域，而创新教育根据专业(专项)特点的不同表现出一定差异。创新创业思维的培养关键在于指导教师。在开展创新创业教育培训活动的过程中，指导教师须对当前经济形势、市场状况等进行全面分析[①]，确保创业指导工作更具实效性。但多数高校的领导及教师对创新创业教育认识不足，学校未组织专业课教师对创新创业课程进行理论化、系统化设计，也没有让这些教师真正承担创新创业教育实践的一线任务。

(三) 课堂教学方法单一

大部分课堂授课以理论知识传授为主，很少有师生互动和实践操作，无法体现该课程的实践性，导致学生对这门课程失去学习兴趣。此外，在体育类院校里，创新创业课程并未与体育专业课程有机结合，形成有特色的体育专业创新创业课程体系。一些学校教师认为，在体育专业课程之外增加与创

---

① 李越超.体育院校大学生职业生涯规划与创业指导[J].人力资源，2020(18):100-101.

新创业教育相关的课程，便是实施了创新创业教育。在教材使用方面，各高校体育专业开设的创新创业课程没有符合专业性质的指定教材，教材内容老旧、混乱，理论讲解比较宽泛，缺乏学科针对性和可操作性，有些高校甚至没有教材，教学效果不理想。

（四）创新创业课程课时数量不足

虽然大多数高校开设了“大学生职业生涯规划”“就业指导理论”“创业基础理论”等相关课程，但课程通常仅有 18 个学时，相较于其他专业课程，课时数量较少。一些高校的创新创业课程是以选修课的形式或讲座的形式呈现的，在某种程度上无法引起学生的高度重视。学校认为创新创业教育通过一两节课就可以达到目的，这种认识使得体育专业大学生不能得到及时有效的创新创业指导。

（五）实践活动方式单一

调查显示，当前高校中创新创业实践活动多以基地实训、校外实习、创新创业项目申报、技能比赛等形式开展。目前，高校通常开展有大学生创新创业训练计划项目、“挑战杯”全国大学生课外学术科技作品竞赛、“创青春”全国大学生创业大赛等课外创新创业活动。2018 年，共青团中央、教育部印发《关于在高校实施共青团“第二课堂成绩单”制度的意见》，要求各高校推行“第二课堂成绩单”制度，完善学生发展服务体系，促进学生素质素养提升，促进学生就业创业。体育专业创新创业实践不仅有课堂内的，也有课堂外的；不仅有校内的，也有校外的。各高校应当拓展实践形式，不局限于校内的创新创业项目，打破传统工作思路，寻求工作突破点和创新点。

（六）政府部门保障力度不足

一方面，政府部门对创新创业教育的政策规定和指示要求比较模糊，在实际执行过程中缺乏操作性，难以形成对创新创业活动的有效支持。另一方面，社会投入资金的力度不足，导致相关的基础教育设施缺失。大学生在创业初期通常需要很大一笔启动资金。由于资金短缺，又难以得到及时的资金支持，他们便会陷入严重的资金匮乏困境，最终导致项目中断。政府的资金支持虽然能够解决他们的燃眉之急，但是这些远不能满足他们持续发展的需求，致使创业难以顺利实施并取得成功。另外，政府并未出台针对体育专业大学生创新创业的扶持政策，因而体育专业大学生的创业梦想由于少了政策的扶持，更显得风险重重。但是如果政府能够完善关于金融扶持和劳动保障等方面的政策和制度，就可以从根本上减轻大学生创业的经济压力和心理负担。

（七）创新创业教育体系有待健全

我国创新创业教育起步比较晚，1999 年发布的《面向 21 世纪教育振兴行动计划》指出，要"加强对教师和学生的创业教育，采取措施鼓励他们自主创办高新技术企业"。随后，教育部本着对创新创业教育的支持，允许本科生、硕士研究生、博士研究生在保留学籍的情况下，创办高新技术企业。这从侧面证明了我国创新创业教育起步较晚，创新创业教育体系还有待健全。目前，体育专业学生在创新创业教育中面临的主要问题如下。第一，缺乏科学的创业教育模式。现阶段，在创新创业教育建设方面，一部分高校是通过试点研究开创教育新模式，另一部分高校则是盲目地照搬国外高校的成功模式，不仅达不到预期，往往还导致自己学校的创新创业教育陷入瓶颈。第二，体育类院校创新创业教育师资力量不足，这在很大程度上影响了学校的创新创业教育水平。一名合格的创业指导教师不仅需要系统的理论知识，也需要丰富的创业实践经验，这是其他专业教师不能替代的。

（八）实践创新平台不足

约 50%的被调查者所在学校的创新创业课程还是采用传统的授课形式，不能调动学生的积极性，学生也不能通过大量实践来提升自己的创新创业能力。多数院校只重视对理论知识的讲解而忽略了实践的重要性，这导致学生在毕业后面临着很大的就业压力，尤其是体育专业学生。学校的实践创新平台不足，无法为有想法的大学生创业群体提供足够的硬件支持，而且创新创业教育观念没有真正和学校的教学体系融合，创新创业教育往往处于一种游离状态，没有被纳入学校的正规课程体系中。

高校体育专业完全可以利用高校众多的场馆资源开展创新创业教育实践活动。高校体育场馆的开发与管理一直以来都是高校迫切需要解决的问题，再好的资源如果不被好好利用也会成为学校的负担，不能体现出庞大资金支持下建成的场馆的价值。根据国内外一些高校的体育场馆管理办法和使用情况，体育专业大学生完全可以利用学校体育场馆资源开展创新创业活动，比如开展培训班教学，成立体育培训中心，或者成立外包贸易公司，对外承接承办大型赛事，举行文娱活动等。①

（九）教育思维模式有待转变

目前，高等体育类院校的教育工作者普遍认为创新创业教育是高等教育大众化背景下推进素质教育的重要途径，但由于传统教育观念根深蒂固，大多数人缺乏对其广义内涵的了解，以至于把创新创业教育简单地理解为鼓励学生创立企业，并没有把创新创业教育同大学生的知识、能力、素样的培养结合起来，同提高大学生就业率有机地结合起来，这种观念严重地制约着高等体育类院校创新创业教育的实施与发展。

从以上分析中可以看出，尽管各高校已经开始了创新创业教育尝试，但我国高校创新创业教育的脚步已经远远落后于发达国家。为真正提升体育专业大学生的创业能力，广泛开展形式多样的实践活动是非常有必要的，如积极与体育企业开展合作研发、创办虚拟体育公司、积极参加各种体育创新创业比赛、交流创新创业经验等。

二、高等体育类院校创新创业教育发展思路

进行创新创业教育是为了使大学生具备良好的创业能力和素质，而科学的课程设置和课程实施，可以帮学生提升他们的创业能力和素质。大学里所讲授的知识是为大学生进入社会做铺垫的，让他们能够更好地适应社会的发展，因此大学的教学离不开社会实践，在教会学生知识的同时，必须锻炼学生的实践动手能力，使理论知识有效地指导实践操作，这才是学习的真正意义和价值所在。重视并加强体育专业大学生的实践能力培养，提升他们的综合素质，是体育类院校开展创新创业教育的基本目的。

（一）提升体育类院校创新创业课程教师队伍专业能力

在高等体育类院校，师资力量很重要，教师必须具备丰富的专业知识、较强的综合能力和多样的实践经历。教师团队应该以体育专业教师为主体，参考优秀的体育专业大学生的建议，结合教育专家的指导意见进行组建。优秀

① 王继健，陈华锋．依托高校体育资源开展体育学生创新创业教育的探究[J]．当代体育科技，2017，7(8)：182，184.

的教师队伍可以为大学生创业提供科学的理论指导，并为相关项目的实施提供专业化的服务。教师的主要职责有：丰富、发展和完善体育专业创新创业课程，研究科学的教学方法，进行合理的教学设计，监督、检查课堂教学和各项实践活动等。教师队伍不仅担负着重要的教育教学任务，还要进行相关的科研活动。高校应充分发挥各类型教师、专家和技能人才的优势，为创新创业教育提供有力的智力支持，同时，还要对其他教师，特别是体育专业教师进行必要的帮扶，构建科学合理的师资队伍，促进良好的创新创业环境的形成，使广大师生深切感受到创新创业的浓厚氛围。

（二）积极提供创新创业实践机会，创造良好氛围

高校应通过有效的激励机制，保障并提升大学生的创业积极性和创新能动性，向大学生提供有力的资金支持，并设置相应的奖励，激励他们在创新中展现自己的个性，提升自己的能力。除此之外，高校还应积极鼓励大学生参加各个级别的创新创业大赛，高校体育专业大学生可以根据赛项设置选择以个人或团队身份参与比赛，高校要为他们提供相应的资金支持，并出台相应的保障措施，促进他们积极参与并取得良好成绩，使全体师生都能感受到学校对创新创业的重视和支持，推动创新创业教育实践活动的全面、深入开展。

（三）不断更新创新创业教学模式

高校要高度重视当前教学模式落后、教学方式单一的状况，并针对这些问题进行改革，要认真研究、科学分析我国体育事业发展现状，对发展趋势作出准确判断，并结合自身实际情况，构建符合学生专业特点和身心发展特点且有社会实用价值的创新创业教育模式。高校教育需要及时响应社会需求：一是重新建构课堂实践教学体系，重视设计和营销等方面的实际操作的引入；二是科学设计课外社会实践活动，强调实用性，建立功能齐全的创新创业实训基地，保证大学生就读时有地方进行实践锻炼，毕业后有地方施展才能。

（四）提供创新创业资金支持

资金犹如企业的血液，为企业带来营养和能量，高校体育专业学生的创新创业也需要资金的大力支持。国家非常重视大学生创业，不断出台针对性激励措施，为他们的创业提供有力政策保障和资金支持，帮助、鼓励大学生创

新创业。但是，国家的政策保障和资金支持并不能满足日益增长的创新创业需求，随着创新创业环境的日益完善，创新创业的活力日益凸显，需要的资金越来越多，仅凭国家专项资金难以满足这种需求，这会限制大学生的创新创业。所以，高校需要积极主动为大学生创新创业吸引更多的社会资金，通过各种形式寻求合作，不断引进优质企业，建立持久的产学研合作模式。这不仅可以有效缓解大学生创新创业资金压力，还能够促进企业的发展，推进学生的创业实践，实现三方共赢，是值得大力推广的合作模式。

（五）注重实践，创新教育方式和培养体系

创新创业教育具有很强的实践性和社会性，只有将创新创业教育与社会实践有机融合，才能发挥创新创业教育的功能和作用。首先，课堂教学内容和方法要突出操作性和实践性，体现创新创业的实践要求，较为复杂和深奥的理论可以用形象直观的实例进行解释，使学生易于理解和接受，这能在很大程度上提高学生的学习效率，让他们用最大的激情参与到课程中，还有利于为教师提供更多的时间讲解重点和难点问题。其次，重视并加强课外实践活动，即积极引导学生进行相关的社会实践活动，带领他们积极研发体育专利项目、模拟组建体育培训公司、设计体育赛事活动等。高校在发展创新创业教育时不应忽略教师的主导作用，需要对与体育相关的教师进行考核，以便及时地了解各教师的相关信息，对他们提出更加细致具体的要求，以保证教师们的整体教学水平和综合素质不断提高，使他们既能够高效地传授知识，还能够科学地组织实践活动。高校要特别鼓励教师进行创新创业实践活动，为他们提供必要的资金、政策支持，使他们在创业中丰富知识、积累经验、增长才干，成为学生学习的榜样，在进行创新创业教学时更加得心应手、游刃有余。在这种情况下，学生也更乐于与教师进行沟通和交流，并从中获得实实在在的益处。教师还可以邀请学生加入自己的创业项目，这是一种更为有效的实践教学方式。

总的来说，高等体育类院校应当在提升创新创业课程教师队伍专业能力、提供创新创业实践机会、更新创新创业教学模式、提供创新创业资金支持、创新教育方式和培养体系等方面，不断完善创新创业工作，提升学生的创新意识和创业能力，使他们树立更为科学的就业观和创业观，从而更好地实现创业。

第二节 体育人才创新创业存在的主要问题

一、体育人才个人因素分析

(一) 体育专业学生的创业积极性不高、创业意识不强

在对体育专业学生毕业是否选择创业的调查中，有意向创业的学生仅占36.59%，这说明体育专业学生对创业的积极性不高。由于经验缺乏和专业水平的限制，很多学生并未真正意识到创新创业实践的重要性，仅仅是为了取得学分进行相应的创新创业活动，创业意识不强。有的学生虽然有很多的创新想法，但对自身的能力不自信，又得不到必要的帮助和指导，于是认为自己没有办法完成自己的创业想法，从而参与创新创业活动的积极性不高。

(二) 体育专业学生的创业经验不足

体育专业学生虽然有一定的创业优势，但普遍缺乏创业经验。经验对于创业者具有重要意义。虽然现在的本科生和研究生具备一定的理论基础，有一定的知识面，然而本科生和研究生毕竟身处校园，受年龄和学识的限制，其中很多人在创业过程中只会纸上谈兵，对具体如何开拓市场缺乏经验与相关知识，难以得到第一手的市场信息，也就无法分析市场未来的发展方向。

(三) 体育专业学生的创新创业综合素质有待提高

体育专业学生创新创业综合素质，如创业意识、创业行动能力、创业挑战精神、知识丰富程度、社会沟通能力、心理承受能力等，是影响其创业成败的重要因素。创业挑战精神是大学生创业的重要动力来源，也是影响其创业成果的关键因素。做好一件事情的首要条件是具有激情和挑战精神，创业更是如此。强烈的挑战精神可以让创业者拥有一往无前的信念。有的学生虽然有创业兴趣，但知识水平有限，还有学生眼高手低，当创业计划转变为实际操

作时，才发现自己根本不具备解决问题的能力，这样的创业无异于纸上谈兵。

有关研究表明，体育专业学生因自身专业特点影响，表现出来的性格多属于外向型，有着待人坦诚、豪爽、乐于社交等特征，较于其他专业学生而言，社会交往范围更广，但在交往中往往不注意语言的分寸，行为上不拘小节，容易成为"哥们义气"的俘虏，感情冲动要多于理性觉悟，情绪比较不稳定，行为容易反复，但在困难和挫折面前有较强的耐受力，可塑性极高。心理承受能力方面，体育专业学生同样有着无可比拟的优势。但创业活动是一个复杂的过程，要想在这一过程中取得成功，仅仅依靠专业特点所带来的优势远远不够，体育专业学生需要不断提高自身创新创业综合素质。

（四）体育专业学生的职业追求不同

本次研究的被调查者大多数为研究生，少数为本科生。相比于本科生而言，研究生对安顿自身生活的需求更加迫切，因此他们可能更愿意选择安逸稳定的工作，例如当公务员或者进入事业单位工作。本科生朝气蓬勃，对未来有更多美妙的设想，所以他们更愿意选择创业这种有风险的活动。有些学生追求体面的工作，期望能在大公司和大企业任职，从而得到家人和亲戚朋友的认可和称赞，而对创业这种辛苦、高风险的从业途经不太认同，这导致他们不愿意自己去创业。还有一些学生对于创业这种高投入、高风险的工作存在恐惧，唯恐创业失利、损失巨大，所以他们更愿意选择收入稳定、风险较小的工作。这也是大多数学生不选择创业的主要原因。

（五）家庭观念的影响

家庭教育对于一个人的成长有着相当关键的作用，家长的就业观念直接影响着本科生和研究生对创业之路的选择。许多家长认为学生辛苦读书十几年，就应该找个安稳体面的工作，这就加大了学生在创业时的心理负担。一旦创业失败，家庭的指责与将要承担的损失，会极大地打击创业者的信心与积极性。而获得家庭理解与支持的创业者，特别是父母长辈有一定创业经历或经验的创业者，在创业时往往能够事半功倍。

（六）未找到志同道合的创业合作伙伴

本次问卷调查中有近一半的被调查者认为阻碍自己创业的因素是没有找到合适的创业伙伴。毕竟一个人的精力是有限的，一个人可能有了好的想法，但是还需要其他专项技术人才的协助，才能让自己的想法得到实施。否则，就算这个想法再好，也只是一个想法。仅凭一个人的力量是无法建立一个伟大的公司的，"选择了正确的合作伙伴，就是完成了80%的工作"，这是很多企业家投资时的经验之谈。在经营合伙人的选择上，创业者必须找到真行家，这样才能给新企业带来新的活力。

(七) 创业资金不足

影响学生创业的一个重要因素是物质基础。创业需要雄厚的资金作为支撑，而我国本科生和研究生大部分来自经济能力一般的工薪家庭或者农村，有些人甚至不能保证自己的日常温饱，这直接导致了大多数大学毕业生不能依靠家庭筹集创业资金。同时，我国大学生在经济上的独立意识与发达国家的大学生相比尚有很大差距，大多数大学毕业生上学期间都是依靠父母给的生活费生活，毕业后没有任何经济基础，根本无法支撑毕业后的创业。大学生创业基本上是白手起家，资金来源除了向家人、亲戚、朋友借以外，部分是依靠银行的贷款。这会使创业者顾虑过多、压力过大、放不开手脚，出现一些决策上的失误。整个创业常处于一种"走钢丝"的状态，很难有长远的发展计划。目前，我国的资本市场尚不成熟，风险投资并不完善，创业投资还处于起步阶段，融资的困难使许多学生空怀优秀的创业计划望洋兴叹。

(八) 缺乏对市场的了解

很多学生创业仅凭心血来潮，在没有对市场进行科学的调查研究，没有对资金、人才等进行充分考量，没有对客观经济规律进行分析的情况下便匆忙投入创业之中，这样很难成功，这也是很多学生创业失败的原因之一。他们对市场没有了解，就以为自己的想法很不错，结果坚持没多久就失败了。

二、社会环境因素分析

(一) 社会对本科生和研究生创业的帮扶力度有待进一步加强

各高校尽管在大力宣传创新创业理念，但实际上对创新创业教育的重视程度远远不够，还没有形成尊重、支持创新创业的浓厚氛围。[①] 另外，在社会

① 纪丽娅. 互联网+时代大学生创业存在问题及对策研究[J]. 知识经济，2017(21)：124-125.

环境中，学生的创新创业活动也受到一定程度的阻碍。尽管国家出台了一系列支持学生创新创业的政策，但是在筹集创新创业资金、供应场地场所等方面的帮扶力度还有待加强。此外，现在面向大学生的创业帮扶计划大多都是针对本科生的，很少有针对研究生的创业帮扶计划，所以社会应该重视研究生的创业需求，加大对研究生的创业帮扶力度。

（二）本科生、研究生创业政策有待完善

随着国家对大学生创新创业越来越重视，近年来，各级政府出台了各种促进大学生创业的具体帮扶政策。从四川省首次集中梳理并公布的46条大学生创业扶持政策可知，四川省政府对于大学生的就业扶持政策有25项，创业扶持政策有17项，综合扶持政策有4项，政策囊括大学毕业生离校前、离校后的就业扶持和对创业大学生、服务平台、指导专家和创业活动的扶持，以及在大学生户籍、公共服务、学分管理方面进行综合扶持，这些政策很大程度上为大学生创业提供了保障。

事实上，大学生创业扶持政策与创业教育一样，在我国兴起的时间并不是很长。现有的创业政策并不完善。一方面，创业政策不够系统化，出台创业政策的政府部门比较分散。这些政策虽然都是服务于大学生创业的，但大多较关注大学生创业激励，而对大学生创业后的支持与保障的力度不足，继而直接影响了大学生的创业意向与创业行动。另一方面，在所有的创业扶持政策中，有一部分并不是针对大学生创业者的，其主要受众是中小型企业，并未考虑大学生创业者这一人群的特殊性。除此之外，大学生创业扶持政策执行力不强，也给大学生创业活动带来了一定的阻碍。除了本科生有创业需求外，研究生也有创业的计划。近几年来，研究生人数逐年增加，但是大多数地方只有本科生创业扶持政策，没有研究生创业扶持政策。事实上，研究生比本科生性格更沉稳，专业性更强，创业成功的可能性理论上应该比本科生更大。如果有更多的研究生创业扶持政策出台，相信会激发研究生创业的积极性，也能为社会供应更多专业性更强的创新创业人才。

（三）政府服务平台建设有待完善

本科生和研究生作为创业者中的特殊人群，长期生活在校园之内，相对于社会上其他创业者而言，社会阅历有限，社会资源与人脉缺乏，对政府公共服务平台的依赖性更强。然而，我国与创业服务相关的政府公共服务平台构

建时间较晚，还有很多不完善的地方。具体表现如下：首先，政府信息平台对大学生创新创业的支持力度不足。现实中大学生创业者迫切地需要专业性的政府机构对创业相关市场信息进行收集与整理，并在专门性网站上发布，方便创业者查找所需的创业信息，从而减少创业者在创业中不必要的阻碍。其次，政府技术平台对大学生创新创业的支持力度不足。对于技术平台，政府不一定要直接参与其中，可以间接性地给予支持与帮助，比如加强宣传力度，建立、提供孵化基地等。最后，政府监管平台对大学生创新创业的支持力度不足。虽然目前政府为支持学生创业活动做了大量的工作，并且取得了一定成效，但监管平台系统离真正的建设完成还有一段距离。

第六章

高等体育类院校体育人才创业教育与创新思维培养体系与保障机制构建

第一节 高等体育类院校体育人才创业教育与创新思维培养体系构建

一、高等体育类院校体育人才创业教育与创新思维培养教学体系构建

(一) 树立科学的创新创业教育理念

在“大众创业、万众创新”的背景下，高校应抓住机遇，树立科学的创新创业教育理念，迅速更新人才培养观念。校级层面必须积极推动成立创新创业教育职能部门，以培养创新思维、创业能力为目标，构建完整的创新创业教育

体系，并将其融入学校整体的育人体系中。[①] 同时，应积极转变就业指导思路，树立大学生创新创业典范，大力倡导学生的自主创业精神。从引导专业兴趣入手，激发学生学习专业内容的内在动力，并运用专业知识开展创新活动，利用创新成果进行创业实践，最终以成功创业带动高质量就业，从而使高校从“知识传承型”教育转向“知识创造型”教育，从“就业教育”转向“创业教育”，成为培养创新创业人才成长的摇篮。高校教师必须意识到创新创业教育是深化素质教育、提升人才培养质量的重要途径，是一种深层次、根本性的教育，是与专业教育深度融合的大学教育的全新发展方向。高校教师必须意识到创新创业教育要面向全体学生，同时应关注大学生的个体差异和专业差异，根据大学生的不同特点分类实施创新创业教育。

大学生应该积极解放思想，形成开阔的视野，摒弃传统的就业观念，培养自主创新创业精神。大学生进行专业学习时应有意识地将专业知识与市场需求相结合，积极拓展思路，并增强自身建功立业的勇气和不懈追求自我价值的意志。各种专业的大学生都应当积极参加学校开展的创新创业实践项目，从而发挥新时代大学生的自主性和创造性，立志将自己培养成创新型人才。

（二）健全创新创业课程体系

高等学校要大力加强创业教育，积极探索在专业课教学中融入创业教育，把创业教育作为就业指导课程的重要内容。上海市教育委员会提出的“全覆盖、分层次”创业教育目标是落实“专业课教学中融入创业教育”的具体部署。对于我国体育类院校而言，培养创新创业体育人才，健全创新创业课程体系，同样需要“全覆盖、分层次”。学校可以先通过较为系统的创业普及教育，使全体学生初步了解创业相关知识，并为有创业理想和创业热情的学生提供更为系统和深入的创业递进教育。我国体育类院校创新创业课程体系需要遵循知识教育与实践教育并重、普及教育与递进教育相结合、一般创业教育与体育创业教育并重、创业教育与氛围营造相结合、创业教育与创新教育并重等原则。

学校可以根据辅修、双专业等不同类型的学位教育形式开办各类创业教育班级，以满足不同层面学生的需求。自 1999 年以来，浙江省不少高校就陆

① 朱峰，张健. 大学生创新创业教育体系的构建与思考[J]. 中国高校科技，2017(8)：83-85.

续开办了此类班级，如浙江大学管理学院的“创业管理精英班”、竺可桢学院的“创新与创业管理强化班”，浙江工业大学的“工商管理（创业管理）双专业班”“创业 MBA（工商管理硕士）项目”，浙江理工大学的“创业教育强化班”，温州大学的“创业先锋班”“创业管理双专业班”等。以浙大竺可桢学院的“创新与创业管理强化班”为例，该班采用两年学制，主要以现代企业家精神的培育为核心，围绕创新创业所需的经营管理知识结构的建构和领导组织能力的培养实施教学方式和内容的改革与创新，学校每年在理工农医各专业的本科二年级学生中开放式选拔 60 名优秀学生进入该班。总之，浙江高校在创业型人才培养的学位教育教学改革上已先行一步，积累了一定经验。

创新创业课程是创新创业教育的枢纽，是实现其培养目标的主要途径和渠道。高校要想加强创新创业教育，必须对传统培养模式中的课程结构进行改革和调整，重构科学合理的课程体系。基于创新创业教育的特殊性，创新创业课程应该是学科课程和活动课程相结合的课程。各高校应依托学科优势，积极开发本土化的创新创业教材，建立健全的学生创新创业课程学分认定和奖励政策，丰富课程内容与实践。[①] 面对创新创业教育与专业教育脱节的问题，黑龙江大学探索出了“融入式”创新创业教育，将创新创业教育全面融入专业教育，实现面向全体、基于专业、贯穿人才培养全过程的创业教育目标。温州大学也明确了“专业教育渗透创业理念”和“创业实践结合专业教育”的改革思路。学校必须总结自身创新创业课程设计的经验与教训，结合不同学科专业特点开设“嵌入式”课程。

第一，实施连续性培养。高校应根据不同年级学生的成长需求有计划地提供创业指导，在完善创新创业课程体系时，分阶段、连续性地设置课程内容和目标。如针对低年级学生开设基础创新创业课程，对高年级的学生开设高级创新创业课程，把专业特点融入创业教育当中，形成“X＋创新创业”新课程，如图 1 所示。第二，实施个性化培养。不同的专业面临的就业形势不一样，不同专业领域内创新创业所需的专业素养也不一样，创新创业教育嵌入专业教育必须区别不同的专业特征，制定个性化教育方案。第三，在结合连续性和个性化培养的基础上分群体实施差异化培养。经过前期培养阶段，学生的创新创业综合素质得到提升，这时就要针对有创业意愿和潜质或已经创办公司的学生群体实施差异化培养。第四，建立多层次的课程目标体系。体

① 朱峰，张健．大学生创新创业教育体系的构建与思考[J]．中国高校科技，2017(8)：83-85.

育类院校应依据创新创业体育人才培养目标和体育类院校学生的素质和特点，开设专门的创业课程并完善原有的创业知识支撑课程，使学生实现创业知识结构递进式积累。在课堂教学方面，体育类院校创新创业知识的传授需要从以下几点着手：整合课程内容，利用有限的教材资源，增加课程内容的含金量，满足培养创新创业体育人才的需要；优化课程结构，软化学科界限，鼓励跨专业学习，依据各类课程在培养创新创业人才中的不同权重，划分核心课程、必修课程、选修课程等，形成立体的课程结构体系；注重自学能力培养和思维方式教育，培养创新创业体育人才选择信息、整理信息、理解信息和生产信息的能力，教学过程中应要求学生掌握自学的方法，养成从事脑力劳动的习惯，培养自我教育和自学的能力，从而提升创新思维和创业能力。在讲座课程教育方面，由于讲座通常是单次进行的，在面向观众时应特别突出讲座的普及性和针对性的结合，突出讲座的普及性。这是因为讲座相对来说内容丰富且不拘泥于传统课堂形式，对培养学生的创业意识、激发学生的创业兴趣有很大帮助，不同类型的讲座可以吸引不同的学生参与。讲座应对这类偶尔参与的学生敞开大门，是为突出讲座的普及性。而所谓突出讲座的针对性，是指创业类讲座课程方向明确，需要专门针对有创业意向或创业潜能的学生开展。

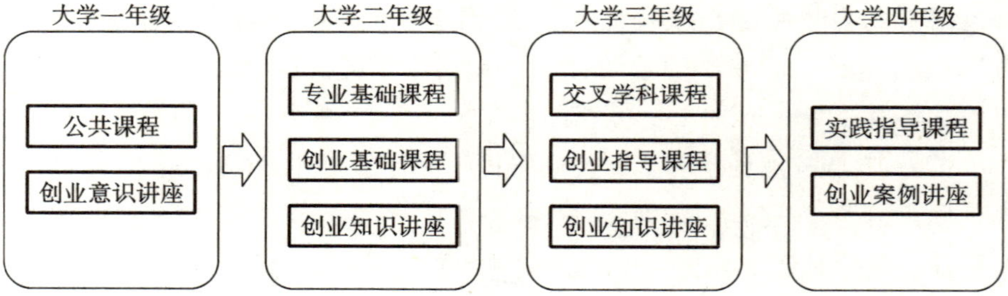

图 1　体育类院校创业课程体系设置

（三）加强创新创业教育师资队伍建设

开展创新创业教育的高校教师应兼具学术型和实践型特质，既要具有完善的知识结构、熟练的专业技能、开拓的创新精神，又要具有较强的实践能力，善于捕捉和挖掘学生的创业潜质。我国体育类院校的创新创业教育师资队伍尚未真正形成，这是开展创新创业教育亟待解决的问题。创新创业教育，不仅需要具有理论创新和实践创新能力的教师，还需要在生产第一线服务和实践的创业型兼职教师。

具体来说，体育类院校创新创业教育师资队伍应由三部分构成，分别为讲座嘉宾、创业导师和专职教师。[①] 其中，讲座嘉宾为短期聘请的企业家、投资家、创业人士等，主要负责举办创业意识、创业知识和创业能力等方面的讲座。创业导师为相对固定的教师，主要为创业成功人士、知名企业家及有实践经验的专职教师等，主要针对精英型创业人才进行一对一指导，以辅助学生创业为主要目标。专职教师主要从事创新创业及相关领域研究。学校应在鼓励他们丰富创业知识、提高教学能力的同时，为创新创业教育实践提供平台，鼓励专职教师进行创业。同时，学校应提供良好的舆论导向和氛围，尽力为创新创业教师承担风险并消除他们的后顾之忧，让每一个创新创业教师勇于实践、敢于探索、善于创新。

已经承担或可能承担创业课程的教师，应加强校内外交流合作。体育类院校应组织相关的师资培训，通过"走出去"和"请进来"策略，使体育类院校创新创业教师能较快地补充与更新知识；应加强国际合作，通过引进海外教师或开展合作研究、合作办学等方式，使创新创业教师有机会了解国外最新教学动态，获得国外创新创业教育的新知识、新方法，并将其应用于体育类院校的创新创业教育实践，从而缩小我国在培养创新创业体育人才方面与发达国家间的差距。

完善创新创业教育师资队伍，应聘请有一定社会地位的企业家、创业人士担任兼职讲师，使他们与创新创业教师合作讲授创业课程。他们自身的创业经历以及在企业发展中积累的丰富经验，既充实了教学内容，又加强了学校与企业间的合作，有助于学生认识、理解和应对创业中遇到的实际困难和问题。

（四）完善相应的教学管理制度

教学管理制度在人才培养过程中发挥着重要作用，如统筹教学需求、配置教学资源、协调教学秩序、调动教学积极性、评价教学效果等。因此，科学合理的教学管理制度有利于提高创业型人才培养的质量和效率。学校可以配合创新创业教育模块化教学，建立模块负责人制度，以课程模块为单位加强教学管理；课程考核与评价模式应从以知识评价为主向能力评价为主转

① 刘旋，王秋月．高等体育院校创新创业人才培养实践路径研究[J]．天津市教科院学报，2016(4)：25-27.

变，学校要改革传统的教学评价制度，实现课程成绩构成多样化，尤其是将实践教学环节的考核纳入其中，使实践教学落到实处，避免走过场；学校还应建立科学的创业型人才培养质量评价体系，针对创业型人才培养效果建立长期的科学跟踪调研机制。

二、高等体育类院校体育人才创业教育与创新思维培养实训体系构建

(一) 大力推进创新创业实践活动，提高学生创新创业实践能力

在创新创业教育过程中，学生除了要学习创业知识，还要培养创业素质与能力。学生只有参与实践，才可以灵活应用理论知识。因此，开展创新创业实践活动是培养创新创业体育人才必不可少的途径。我国体育类院校开展创新创业实践活动已经有诸多尝试，例如从 2007 年起开展的全国体育院校大学生科技论坛每年都吸引众多体育类院校学子组队参与，在“挑战杯”中国大学生创业计划竞赛等赛事上也有体育类院校学子展露自己的风采。但根据前文调查结果可知，目前我国体育类院校开展的创新创业实践活动远远无法满足培养创新创业体育人才的需求。创新创业教育中的实践教育占据极其重要的位置，培养创新创业体育人才必须结合体育专业特点，开展有效的实践活动。

如图 2 所示，按培养时间来看，利用实践活动培养创新创业体育人才的途径分为四个阶段。大学一年级阶段，鼓励学生积极参与各类社团活动和担任学生干部等，以培养学生基本的实践能力及活动素养；大学二年级阶段，根据课堂内容适当开展延伸性的实践活动，将理论应用于实践，并开展拓展训练，以培养良好的心理素质；大学三年级阶段，大力倡导参加创业计划大赛与企业实习等，培养综合能力与素质，实现校园与社会的接轨；大学四年级阶段，有针对性地扶持精英型创业人才进行模拟创业，有条件的应进行创业企业孵化，从而真正实现向社会输送创新创业体育人才。具体来讲，主要可以从以下几个方面入手。

第一，营造创新创业人才培养氛围，开展各类创新创业基础性实践活动，发挥学生社团的纽带作用，以学生带动学生，鼓励学生积极参与丰富多彩的第二课堂活动，增强学生的主观能动性和创造性，充分挖掘和展示学生的潜力，培养学生创业兴趣和事业进取心，使学生的综合素质与能力在各类第二

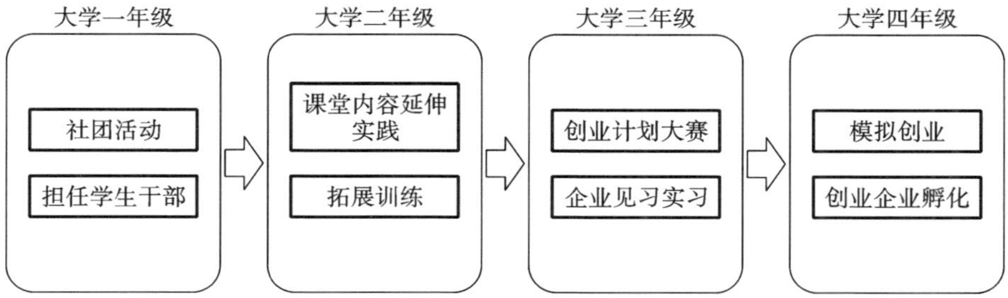

图 2　实践活动培养途径

课堂活动中得到全面培养和系统训练。

第二，利用体育类院校的体育资源，针对有创业意向的学生，围绕创业必备心理素质进行科学系统的拓展训练，培养学生战胜困难的坚强意志、克服困难的能力和团队合作精神，增强学生的商务沟通与交流能力等，有效提高学生的创业心理素质。

第三，鼓励学生积极参与“挑战杯”等大型创新创业比赛，完善项目培育方案，公开项目申报、筛选、辅导流程，建立激励机制，注重培育过程，扩大参与面，提高参赛质量。

第四，积极开展课堂延伸类活动，如组织社会调查、开展案例教学等，指导学生到一些创业成功的企业进行调查，实地了解企业的运行过程，学习如何选项目、如何论证、如何筹备、如何运营等一系列问题，从而增强学生对创业的感性认识，加深学生对创业的理解。通过介绍创业成功与失败的典型案例，帮助学生理解创业所需的基本素质，有针对性地进行训练。开展创业市场调研方法训练，使学生能够对创业市场进行科学严密的调研分析。

第五，进行模拟创业活动。有条件的院校可以尝试建立创业实践基地，模拟商业环境，创设模拟企业和市场，通过模拟创业活动，加强学生的市场感知能力和实际操作能力，激励学生提升创业素质。

（二）丰富创新创业实践环节建设

高校应把创新创业实践作为创新创业教育的重要环节，完善学生的创新创业知识体系，提升学生的创新精神和创业能力，形成学校、企业和政府共同关注和参与的“三元结构”创新创业实践教育办学特色；充分发挥全国大学生创业大赛和国家级大学生创新创业训练计划项目等各类活动的牵引作用，组织开展校园创业挑战赛和大学生创新创业项目成果展示交易会，不断提升组织工作水平，努力扩大学生参与面；成立校友创业联盟，重点邀请校友企业和高校所在地企业参加；成立大学生创业俱乐部，开展创业沙龙、创业文化节、创业励志讲座等系列活动，积极组织学生参加大学生创业路演活动；每年定期组织大学生创业训练营，邀请知名企业家、教育家、公职人员和优秀校友参与论坛、讲座以及指导学生创业，适时与相关专业公司合作开展创业实训。

（三）有效利用创新创业教育外部资源

大学生创新创业教育的顺利开展需要政府的宏观引导与政策推动，需要企业对创新创业实践活动的支持，需要整个社会大环境的容纳与鼓励。创新创业教育应借助政府、企业和社会的力量，形成一个多方联动又可持续发展的创新创业教育生态系统，为大学生自主创新创业搭建广阔的平台。

首先，高校应借助政府在创新创业税费减免、小额担保贷款、创业地落户等方面的优惠政策，对大学生进行培训和辅导；借助政府在融资途径方面的便利，寻求与天使投资人合作。其次，高校应积极探索与企业合作，建立以高新技术为龙头的产学研合作模式，提高创新创业教育的实效性；充分利用现有的教学实习基地和科技资产公司，为学生提供一些挂职和实习的机会。最后，高校应充分利用社会对大学生创新创业的助推作用，增强大学生对自主创新创业环境的适应性。

（四）打造相应的实践教学平台

创业的实践性特征决定了创业型人才培养必须延伸到创业实践教学平台，通过必要的实践环节帮助受教育者培养创业素质和创业能力。产学合作是打造创业型人才培养实践教学平台的有效途径。

产学合作的一种形式是将企业办进校园，即企业提供资金和设备，学校依托专业平台提供科研成果、技术和人才，合作共建一个基于统一组织框架的校内准企业环境，给学生提供一个以企业产品研发或技术创新为主题的创新创业教育实践基地。另一种形式是将学校办进企业，即校企双方根据学生的专业背景、创业教育进度和创业技能的掌握程度，有序安排学生到相关的企业运行环节中进行创业实践。此外，产学合作还可以采用一些在时间安排和结合模式上更为灵活的方式，如建立社会实践基地，鼓励学生利用假期有组织有计划地到工厂、社区开展实践，或建立以科研项目为平台的创新创业教育产学合作机制等。

第二节 高等体育类院校体育人才创业教育与创新思维培养保障机制构建

一、政策制度保障

在政策制度层面，几乎所有高校均出台了创新创业学分认定或转换机制，对在校创业的学生实行弹性学制，允许学生休学创业。部分高校还推出了允许学生将创业实践内容转化为本科毕业设计的相关政策。为了强化学生的创新创业热情，北京大学设立了针对创新实验、自主创业、论文发表等活动的专项激励机制。北京科技大学通过奖金鼓励、保研加分、学分相抵等多种形式鼓励学生参与“双创”赛事，并将教师指导学生参与科创活动作为教师岗位评聘与晋升的重要指标。[①] 没有规矩，不成方圆，创新创业体育人才的培养也是如此。体育类院校应完善落实各项创新创业教育规章制度，推动创新创业教育工作有序开展。在创新创业体育人才培养过程中，课程设置、师资配备、实践活动等各个环节，都需要有相应的制度来提供保障和监督。政策制度保障一方面有利于创新创业体育人才培养的规范化、公开化，另一方面有利于科学高效地推进创新创业体育人才培养。

二、财力资源保障

大学生创业不得不面对的一个难题就是筹集创业启动资金，资金保障是培养创新创业人才的重要前提。尤其是对于家庭并不富裕却具备良好的创业素质与能力的学生而言，提供创业启动资金能够极大地推动他们实现自己的创业设想。体育类院校应加大投入，确保创新创业教育各项经费落实到位，同时积极筹措支持资金，设立学生创业基金。

资金的筹措，可以从三个方面入手：一是申请地方政府专项资金支持，充

① 胡玲，杨博. 高校创新创业教育生态体系构建研究——以北京地区 13 所创新创业典型经验高校为例[J]. 高等理科教育，2020(5)：26-35.

分利用政府资源为体育类院校创业学生提供资金保障;二是吸引风险投资,孵化创业项目;三是借助广大校友的力量募集资金,如上海体育学院由校友捐款设立的"励攀大学生创业基金"就是专门用于扶持上海体育学院大学生创业的。这些方式都值得各体育类院校借鉴、应用,从而为创新创业体育人才培养提供资金保障。

三、物力资源保障

体育类院校应加快建设体育创业基地,推进体育类院校产学研一体化。建设体育创业中心是体育类院校开展创业扶持的关键性步骤,它将极大地激发广大学生的创业热情,对帮助学生开展创业实践有着不可替代的作用。构建体育创业基地,有利于把社会资源引入创业基地中,以不同方式指导学生自主设计、创办、经营企业并从事商务活动、开展技术发明、提供技术服务等,既为高校兼顾教育、科研、开发提供了方便,也为大学生创业提供了支持。这一做法在我国体育类院校中已有一定的应用,如上海体育学院的科技园、吉林体育学院的创业园等,为有创业项目的学生进行创业孵化,让有意向创业的学生进入园区企业实习等,这些都有助于体育类院校学生亲身体验和经历创业的过程,也为开展创业实践的学生提供了一定的保障作用,提高了体育类院校学生适应未来创业实践的能力以及创业的成功率。

四、师资力量保障

当前创新创业教育师资主体来源单一,大多数来自经济管理类的专业教师或学生管理中从事就业指导的教师,建设一支具有"双师"素质的特色师资队伍成为创新创业人才培养的当务之急。因此,高校应建立包括人才引进、人才培养、人才激励等环节的用人机制。

(一)人才引进

在人才引进上,要注重引进有实践背景的教师,把教师的实践经历视为与学历、职称、科研业绩同等重要的参考指标。还可以引进企业家、企业高级技术人才、投资专家、创业成功人士等作为高校客座教授,充实创新创业教育师资,为学生讲授行业背景、业内实务、真实案例等内容。

(二)人才培养

在人才培养上,要有计划地安排教师特别是年轻教师到企业挂职锻炼,提高教师的实践能力和专业素质。例如，美国斯坦福大学允许教授每周在企业兼职一天，获得对企业运作状况的丰富经验，这种培养模式值得借鉴。人才培养还要注重对专业教师的创新创业教育培训，可以组织有兴趣的专业骨干教师参加全国高校就业教育骨干教师高级研修班、KAB创业教育培训班，开展校内外创业教育教学调研活动等。

（三）人才激励

在人才激励上，要尽快建立一套符合创业型人才培养的教师激励机制，在职称评定、业绩考核等方面给予必要的政策倾斜，引导专业教师投身创新创业教育。

第七章

高等体育类院校体育人才创业教育与创新思维培养的实例研究

高等院校大力推进创新创业教育，对于促进高等教育科学发展、深化教育教学改革、提高人才培养质量具有重大的现实意义和长远的战略意义。[①]大学生通过创新创业，能充分运用自身所学知识，创造更多社会价值，应对当前的就业形势。由于传统体育市场饱和、传统体育岗位竞争激烈，创新创业未来必将成为高等院校大学生的发展趋势。《国务院办公厅关于深化高等学校创新创业教育改革的实施意见》特别指出："深化高等学校创新创业教育改革，是国家实施创新驱动发展战略、促进经济提质增效升级的迫切需要，是推进高等教育综合改革、促进高校毕业生更高质量创业就业的重要举措。"各类高校依据自身特点对大学生进行具有针对性的创新创业教育成为当下的教育趋势。[②]

---

① 苏正斌，吴昊峰.体育类院校大学生创新创业意愿的现状调查与对策分析——以上海体育学院为例[J].当代体育科技，2020，10(8)：243-244.

② 许朝阳，李蕾，高新友，等.体育院校大学生创新创业教育面临的问题与对策——以西安体育学院为例[J].新西部，2019(21)：52-53.

第一节 上海体育学院体育人才创业教育与创新思维培养

一、上海体育学院创新创业发展历程

2008年，上海体育学院成立励攀大学生创业基金，激励在校大学生励志成才，永攀创新创业高峰，为大学生创业提供了更好的平台。2010年，上海体育学院召开创新创业教育研究讨论会议，指出培养复合—应用型创新人才的定位和前期积累的工作成果为创新创业教育奠定了较好的基础，在此基础上，要率先在拔尖创新人才的培养上取得突破，积极探索整合原有优秀青年学生、创新创业团队和蕴瑞班三类群体的蕴瑞学苑运作模式。为了更好地培养学生的创新思维和创新意识，更好地交流二级学院创新活动经验，展示上海体育学院创新人才培养成果，上海体育学院分别在2014年和2019年举办了大学生创新创业论坛。2017年，上海体育学院成立上海体育学院创新创业指导中心。2019年，为推进创新创业学院建设，上海体育学院根据创新创业学院功能定位和建设需要分别成立了创新创业学院办公室、创新创业学院教学部、创新创业学院项目部、创新创业学院发展部，撤销创新创业指导中心，原创新创业指导中心相关职能划归创新创业学院。上海体育学院为推动体育人才创业教育和创新思维的培养，从参加创新创业比赛，到自己举行比赛，再到建立创新创业管理部门，做出了很大的努力。

二、上海体育学院创新创业实例

自2006年上海市政府启动“大学生科技创业基金”以来，上海体育学院运动人体科学专业2005届本科毕业生、在读硕士研究生以“挑战杯”中国大学生创业计划竞赛为背景，设计了健身管理系统开发创业项目。该项目在经过层层筛选后，最终入选基金项目。上海绿瓦体育科技有限公司和上海巅峰健康科技股份有限公司便是基于此背景诞生的由上海体育学院学生创办的公司。

从 2006 年至今，在学院的大力支持下，两家在学院本土生长的公司已经步入发展正轨，不断地成长和壮大，并设立了励攀大学生创业基金。

2013 年，教育部公布了第二批国家级大学生创新创业训练计划项目名单，上海体育学院申报的 108 个项目均通过审核。根据文件精神，国家将资助该学院开展一定数量的国家级大学生创新创业训练计划项目，涵盖创新训练、创业训练和创业实践等三类。

于 2006 年首次举办的“竞攀杯”科技学术节已形成较为完善的创新教育体系和创业孵化机制，包括本科生课外科研项目申报、“竞攀杯”创业计划竞赛、“竞攀杯”课外学术科技作品竞赛和创业创意大赛等项目。至 2011 年，科技学术节共选送 23 项作品参加各类竞赛，其中，13 项作品在全国性大赛中获奖，20 项作品荣获市级奖项。与此同时，上海体育学院从创业指导、经费支持、项目孵化等方面出台了一系列措施鼓励大学生自主创业，建立了大学生创业孵化中心，指导学生成立了“创业研习社”，并与上海体育学院体育科技园实现了政策对接。在相关政策的支持下，上海体育学院许多毕业生走上了自主创业之路，“巅峰减重”“跃动花样跳绳”“尚体武苑”“绿天健身”等一批大学生自主创业公司不断涌现，其中有些已成为体育产业的知名品牌，实现了创新成果向生产力的转变。为将“嵌入式”创新创业教育集约到一个更高的平台，上海体育学院于 2010 年成立了全国体育类院校首个人才培养模式创新实验区和高端体育人才培养特区——蕴瑞学苑。蕴瑞学苑突出创新精神和能力的培养，通过设立专项支持计划鼓励学员通过导师、实践平台和校级专项课题等渠道，参与大学生科研和科技创业活动，利用学院的科学研究院和科技园对有潜质的创业项目进行重点孵化，鼓励学生尽早开展科研和创业实践，从而实现了“嵌入式”创新创业教育在体育高端人才培养模式中的内化与整合。

上海体育学院 2012 级研究生陈仲佳的创业项目“上海天天体育文化传播有限公司”成功入选上海市首届研究生创新创业培养专项。上海市研究生创新创业培养专项是上海市教育委员会学位办公室与上海市大学生科技创业基金会合作，在上海市研究生教育创新计划中设立的一项为期六个月的系统培养项目。该项目旨在创新高校人才培养模式，促进研究生创新创业人才培养，推动高校创新成果与技术转化。

2018 年，由国家体育总局科教司、天津市教育委员会、天津市体育局指导，全国体育院校体育产业创新创业服务平台主办的2018年全国大学生体育产业创新创业大赛在天津体育学院新校区举行。上海体育学院共有4支团队参加此次大赛，经过初赛、复赛、决赛三轮激烈角逐，最终取得一等奖2项、三等奖2项的优异成绩。当年6月，第四届中国“互联网＋”大学生创新创业大赛上海赛区复赛在复旦大学圆满落下帷幕，本届大赛以“勇立时代潮头敢闯会创，扎根中国大地书写人生华章”为主题，吸引了全市60多个高校、近8500个项目参赛，参赛人数达35000人。经各校校内初选，约240个项目分成创意组、初创组、成长组、就业型创业组和青年红色筑梦之旅5个组别，并参加了当天的市赛。

2019年，“互联网＋”大学生创新创业大赛上海赛区决赛以“敢为人先放飞青春梦，勇立潮头建功新时代”为主题，以推进创新创业教育和创新人才培养为目的，深化上海高校创新创业教育改革，为全面提升人才培养质量注入活力。上海体育学院作为入围决赛的10所高校单位之一，最终斩获上海市金奖，获奖项目成为上海市5个青年红色筑梦之旅金奖项目之一。当年12月，为深入贯彻《国务院办公厅关于深化高等学校创新创业教育改革的实施意见》，全面推进高校创新创业教育工作，构建新型创新创业教育工作体系，上海体育学院经研究，决定成立上海体育学院创新创业教育指导委员会。2020年，在第六届中国国际“互联网＋”大学生创新创业大赛上，上海体育学院作为入围决赛的16所高校单位之一，经过激烈争夺，最终斩获上海赛区金奖和银奖，此外还有10个项目获得铜奖，创历史最好成绩。

三、上海体育学院创新创业培养模式

创新创业教育是高端创新型人才培养的重要环节，上海体育学院结合体育学科特色和体育专业学生特点，充分发挥体育学科群建设优势和体育科技园平台优势，不断将创新创业教育嵌入学科专业建设和学术科研规划，嵌入教师课堂教学和学生课外实践，实现了基础知识教育与创新意识培养、教师指导带动与学生积极参与、学术应用研究与成果孵化转化三方面的结合。“嵌入式”创新创业教育模式，逐渐成为上海体育学院创新型体育人才培养的新特色，上海体育学院“竞攀杯”科技学术节是“嵌入式”创新创业教育的外在体现平台。

第二节　武汉体育学院体育人才创业教育与创新思维培养

一、武汉体育学院大学生创业特区

在武汉体育学院，有这样一片沃土——大学生创业特区，让怀揣梦想的莘莘学子在这里找到事业的方向，成就创业的梦想。在这里，武汉体育学院大学生创新创业俱乐部于 2018 年 10 月注册成立，吸纳了 54 名有创业兴趣和意愿的学生，获武汉市人社局挂牌共建“武汉大学生创业学院”。当年 12 月，武汉体育学院创业联盟启动筹建，共 28 家学生创业企业成为联盟成员。至此，从大学生创新创业俱乐部到创业联盟的创业教育孵化链条初现雏形。

(一) 免费提供平台，指导创业思路

自 2015 年 11 月起，武汉体育学院全面实施了“青桐计划”，在学校全民健身中心设立了大学生创业特区。2018 年 11 月，大学生创业特区搬至小球馆并正式开放运行管理，为创业大学生提供办公座椅、文件柜、空调、空气净化器、宽带、打印机等设备，让大学生免费拎包入驻，在一定程度上解决了学生在创业期间的资金困难问题。每一位大学生在刚开始创业时都会遇到各种各样的问题和困难，在这个过程中，他们需要来自社会和学校各个方面的支持和帮助。而创业特区正是为创业大学生提供资源的平台，可以在创业方面提供精确的指导。创业特区通过分析每一个创业团队的发展、运营状况，给出不同的指导意见与建议，为大学生的创业梦“保驾护航”。此外，创业特区借助武汉大学生创业学院的优势，陆续开展了创业讲座、创业论坛和创业考察等系列活动，积极扶持大学生创新创业，吸引更多有创业想法的大学生加入创业联盟。

据武汉体育学院招生就业处负责人介绍，学校将坚持推动创业教育孵化链的建设，完善“互联网”＋体育的公共服务平台，充分发挥孵化基地的教育与培训功能，强化体制机制、创新队伍建设、场地建设和服务体系建设，激发

大学生的创业潜能，培养适应国家战略发展需要的高水平体育产业人才。

（二）享受过程，创造价值

2018 年 12 月 28 日，武汉中奥互联科技股份有限公司鸣钟挂牌，正式上线湖北“四板”。这家公司的董事长是武汉体育学院创业联盟成员、2015 级体育工程学研究生文浩。从本科时期跟着老师研究项目、参加竞赛和开展创业实践，到研究生阶段决心独自一人创业，文浩的创业路走得坚定和踏实。“我想把计算机专业的知识与体育结合，做成产业化的产品，为学校做点贡献。”文浩一直专注于做体育行业的科技服务，坚持用科技助力体育产业发展，实现体育赛事智能化。他认为，在创业的过程中，重要的不是创造利益，而是能给整个体育产业创造价值。如今，公司完成了从招生信息网、单招考试系统到体操、网球赛事系统等多个学校互联网程序项目的开发。2018 年是公司成立的第三年，公司创业团队获得了高新技术企业认证，拿下了 5 个发明专利和 11 个软件著作权。学校创业特区不仅为公司提供了良好的环境和宣传资源，还举办了形式多样的沙龙活动，以促进创业队伍的交流与合作。

（三）让大学时光变得有意义

“大学时光应该做一点有意义的事情。”2015 级艺术学院学生会主席刘叶这样说道。为了追求创业理想，她从大学一年级就选择了创业这条漫长而艰辛的路。2016 年，刘叶开办了人生中第一所艺术中心并担任校长，目前已有五家分店。2018 年她被聘为武汉鲲宇文化传媒有限公司董事长，并在学校的支持下完成了 2019 新品发布会。这是刘叶亲自带领团队，结合北京舞蹈学院教授专门编排的线上训练课程，开创了舞蹈教学新模式。“如果没有学校搭建的创业平台并提供创业指导，我们可能就找不到一个创业的突破口，更不可能结合自己专业走出一条成功道路。”刘叶说。

（四）专业的“体育＋”传媒团队

2017 级体育新闻学的研究生唐觅，带着对体育的热爱和合伙人一起创办了“汉动力体育”。这是一个湖北体育全媒体交互平台，创立不到两年，已经完成了前期的内容打造与视觉呈现环节。“汉动力体育”为武汉体育学院的学生搭建了实践平台，通过一线的采访、拍摄与报道，让热爱体育、有意从事体育工作的学生们得到锻炼的机会。团队先后参与过国内外各类大型体育赛事的报道，尤其是连续两年参与中甲联赛的官方报道等，致力于发展体育赛事品牌的建立与传播。随着创业特区的正式成立，唐觅也享受到了来自学校的福利。搬到特区，指导教师有了良好的办公环境，创业学生也有了可以落脚的实习基地。通过学校高峰论坛的交流沟通，再加上媒体授课教师的经验指导，“汉动力体育”已成为一个学界与业界相结合的专业的“体育＋”传媒团队。

二、武汉体育学院创新创业案例

2015 年 10 月 31 日至 11 月 2 日，全国体育院校大学生体育产业创新创业策划大赛在天津体育学院举行。此次比赛，武汉体育学院获有一、二、三等奖。在备赛初期，武汉体育学院经济与管理学院为所有参赛学生配备了指导教师，帮助学生理清思路、把握重点，通过指导学生的参赛实践提高学生的创新能力。武汉体育学院经济与管理学院一直高度重视学生创新、创业能力培养，通过思想引领、政策支持、资金保障、平台建设、校企合作等方式，不断培养学生的创新意识与创新精神，形成了较为完善的学生创新创业能力培养体系，为提升学生的就业综合素养与自主创业能力起到了积极作用。据悉，本次比赛是由中国体育科学学会体育产业分会和体育管理分会主办的，旨在推动体育产业与资本市场的深度融合，提升大学生在体育产业领域中的创新创业能力，促进高等院校人才培养模式的改革。比赛分创新设计和创业设计两大类。创新设计类项目包括体育器械器材的设计改革、小发明、小创造等，创业设计类项目包括可以进行市场化、公司化运行，取得市场回报的项目。

2016 年，在第二届中国“互联网＋”大学生创新创业大赛中，武汉体育学院体育工程与信息技术学院获得湖北赛区创意组铜奖。本次湖北赛区的比赛共有来自武汉大学、华中科技大学等 68 所学校、4000 多支大学生创新创业团队参加，最终有 238 项作品脱颖而出获得奖项。自大赛启动以来，武汉体育学院积极响应，在教务处的组织下，学生热情参与，共有 37 项作品参赛。据悉，第二届中国“互联网＋”大学生创新创业大赛的举办旨在深化高等教育综合改革，激发大学生的创造力，培养造就“大众创业、万众创新”的主力军；推动赛事成果转化和产学研用紧密结合，促进“互联网＋”新业态形成，推动高校毕业生更高质量创业就业，切实提高高校学生的创新精神、创业意识和创新创业能力。

2019 年，湖北省首届“创未来”杯大学生体育产业创新创业大赛决赛在湖北大学举行，武汉体育学院获得大赛二等奖和优秀奖。同年12月7日，武汉体育学院又在第二届全国大学生体育产业创新创业大赛（华中赛区）上获得一等奖6项、二等奖8项、三等奖11项、参与奖2项的优异成绩，更是荣获了“优秀组织奖”。

2020年9月16日，在第十一届“挑战杯”湖北省大学生创业计划竞赛中，武汉体育学院获得了金奖1项、银奖3项、铜奖5项，蝉联优胜杯。

第三节 一种比较：华东师范大学创业教育与创新思维培养

一、华东师范大学创新创业发展历程

东华师范大学是教育部直属的师范类院校，其在创业教育与创新思维培养方面与体育类院校可以相互参照。1994年，华东师范大学二十一世纪人才学院在国内开始利用“精品模式”培养优秀大学生，为社会输送了大批创新型、复合型高素质人才，成为服务青年成才的有效载体。2018年，华东师范大学成立创新创业学院，该学院统筹相关部门全面负责学校创新创业师资队伍和课程建设、项目孵化、基金管理、赛事组织及各类创新创业指导活动。

二、华东师范大学创业案例

（一）上海华师宝贝成长指导中心

上海华师宝贝成长指导中心（以下简称华师宝贝），现位于华东师范大学国家大学科技园内。华师宝贝团队由华东师范大学特殊教育系和工业设计系的导师与研究生组成，旨在帮助年龄在1个月到15岁的儿童，对儿童遇到的发展问题做到早发现、早行动，为改善儿童各领域的发展情况赢取宝贵时间。团队曾获得上海市大学生科技创业基金、华东师范大学科研创新基金等立项资助。自2007年以来，王和平老师与其团队，付出大量时间和精力，为上百例特殊儿童家庭服务，团队中不少老师是来自文化、教育、体育、艺术、商业

等领域的杰出人物，他们为特殊儿童的康复训练理论和实践的发展做出了巨大贡献。华师宝贝由华东师大特殊教育系导师和工业设计系导师担任公益顾问，集合特殊教育系有志从事儿童临床干预的优秀研究生，包括在读研究生、已毕业研究生，其中部分人员已成为上海市特殊学校、幼儿园或小学的骨干力量，他们参与儿童教育训练等项目，共同为特殊儿童的健康成长贡献力量。华师宝贝承担华东师范大学特殊教育系科研理论与实践成果的整合和转化任务，积极拓宽服务群体，将多年来丰富的临床干预经验同现实的社会需求结合，使更多的特殊儿童能够从中受益。同时联合工业设计等学科，进行跨学科的研究与实践，不断探索提升特殊儿童康复训练效果的有效途径。

（二）上海华闵环境股份有限公司

上海华闵环境股份有限公司于 2011 年 7 月获得创业基金会华东师范大学分会资助。公司为上海市高新技术企业，以“环境发展技术专家”为自身定位，通过产学研一体化合作，将学科研究成果应用于环境发展事务中，进一步凸显了学科优势；在城市环境规划、城市生态环境设计、城市水环境修复、污染土壤修复、企业项目环境咨询、环保设备运营等领域，与各地政府机构和投资部门达成了良好的合作关系，可提供科学的决策咨询意见。

三、华东师范大学创新创业政策

为贯彻落实《国务院办公厅关于深化高等学校创新创业教育改革的实施意见》等文件精神，激发大学生创新创业热情，加强政策扶持力度，实施大学生创业引领计划，培育和孵化优秀大学生创业项目，促进大学生自主创业，发挥创业带动就业的倍增作用，华东师范大学在校内实施了大学生“创智汇·天使支持计划”，分别设立“天使苗圃项目”“天使培育项目”“天使支持项目”及“重点培育项目”四类项目。

四、华东师范大学的“双创”课程

开设创新创业课程是使大学生体验创新创业过程、获得创新创业经验、增强创新创业意愿的重要途径之一。华东师范大学为防止“双创”课程中理论与实践脱节，开设了“双创”建设课程、精品课程、线上课程，其中“创新创业进阶实训”课程通过方法传授、案例分析、课堂训练、课外实践等多种方式培养学生创新创业意识，使学生熟悉创新思维工具，养成结构性、交叉性创新思维习惯，系统辨识创业机会，体验原型设计、测试迭代、项目落地等实践过程，完成计划书的撰写和创业项目的实施。通过创新思维工具和创新创业方法的教学，培养学生的创新意识、创新思维和创新创业能力；通过对创业项目从机会识别到项目落地全过程的指导，培养学生的创新创业实践能力和综合素质。

第四节 体育类院校创新创业教育启示

高等体育类院校体育人才创业教育与创新思维培养是满足体育专业大学生创新创业愿望的可取途径。大学生参加创新创业活动有利于提高自身专业知识水平、掌握创新创业知识、提升人际沟通能力与领导能力、扩大人脉等。根据当下“互联网＋”的背景和大学生获取创新创业信息和创新创业知识的方式，体育类院校应搭建以创新创业为主题的平台。在创新创业知识方面，通过视频讲座、案例分析等方式讲授创业的步骤和方法，讲述创业的成功故事，让学生获得所需的知识，激发学生的创业热情，获得创新创业的灵感。同时，在创新创业信息方面，网络平台可以展示政府扶持政策、创业动态信息等，让学生了解创业前沿动态，把握创业机遇。

从上述三所高等院校创业教育与创新思维培养的实例研究来看，要推动高等体育类院校学生创新创业发展，应做到如下四点。一是强化教育改革，建立大学生创新创业教育体系，针对体育类院校的实际情况，以经济管理类知识为依托开设创新创业课程，形成完整的创新创业教学体系；二是加强创新创业教师队伍建设，设立专职的创新创业教师，结合体育类院校的实际情况，分年级、分层次满足不同学生的学习需求；三是努力提高创新创业教育师资水平，积极开展创新创业教育理论研究，提高创新创业教育整体水平；四是邀请创业者、企业家、知名校友以及相关的专家，以讲座、研讨会等形式，为大学生创业提供权威的、具体的指导。

体育类院校学生在创新创业方面建议做到如下几点：首先，培养创业意识，增强参加创新创业活动的积极性，养成良好的思想道德素质，在实践中提升综合素质；其次，掌握创业基本技能，高度重视实践，只有把课堂教学所学到的知识真正运用到形式多样的课外活动，尤其是广泛的社会实践活动当中，才能使自身的创新创业能力得到真正的提高；再次，提高创业能力，从各方面提高个人素质，包括敢于竞争、敢于冒险的精神，脚踏实地、勤奋求实的态度，锲而不舍、坚定执着的顽强意志，不畏艰难、艰苦创业的心理素质，良好的心态和自控能力以及团队精神与协作意识等。

第八章

体育人才创业教育与创新思维的路径探索

第一节 国家层面：强化体育人才创新创业精神培育服务体系建设

一、深化体育人才教育改革

（一）围绕创新主体，改革教学内容

要有效地开展创新创业教育，首先就要进行教学内容改革，构建具有特色的课程内容和结构。创新创业教育的培养目标要通过课程这个核心环节来实现。[①] 作为创新创业教育系统工程的枢纽和核心，教学内容改革在一定程度上决定了培养目标能否实现。教学内容改革应对现有课程的内容进行适当调整、简化，增添应用性较强的内容。比如，为了应对近年来我国体适能

① 喻爱梅.中职学校加强创业教育的现实选择[J].中小学心理健康教育，2018(18)：37-39.

产业蓬勃兴起需要大量相关专业人才这一状况，武汉体育学院将传统课程“体育测量和评价”改造为新课程“体适能评定理论与方法”，在课程体系和教学内容安排中以培养目标为本，根据体适能产业市场专业人士所需具备的知识确定教学内容，使理论与实践、学校与社会有机地结合在一起。课堂中，教师以体适能为知识背景改善案例教学、课堂讨论和答辩的形式，启迪学生思维、开发学生智力、增强学生的主体意识，逐步提高学生参与课程的程度，加深学生对体适能的感性和理性认识。教学中重点传授用于改善体适能的理论基础和实用技术，引导学生参与有关的科研和学术活动。该课程建设注重通过科研促进教学，将科研成果及时、直接地转化为课堂教学内容，使学生在实践中了解、把握体适能专业发展的新趋势，提高独立完成任务和创造性解决问题的能力。此外，教学内容改革应在传统教育课程基础上增加创新创业教育课程，如开设“创业社会常识”“创业管理课程”“创业企业设计和研发”“创业指导”“创业心理和技能”“市场经济”“体育经营管理”“公关和交往”等与创业密切相关的课程或讲座。

（二）转变培养观念，厘清发展思路

深化体育人才教育改革，推进创新创业教育深入发展，应以传授专业知识和能力为基础，以行业发展动态为导向，将创新创业教育与专业知识教育有效结合，注重培养运用知识的综合能力，进一步挖掘学生的专业智慧，增强学生的创新创业动力，从培养就业岗位的“竞争者”转变为培养就业岗位的“创造者”。①

（三）树立创业型体育人才培养观念

创业型体育人才的培养需要高等体育类院校及其教师转变体育教学观念和人才培养观念，将创新创业教育与专业知识教育有效结合，构建创业型的体育教学模式，实现体育教育与社会人才需求的有效对接。② 因此，在当前的高校体育教学和人才培养活动中，体育教师需要树立全面、科学的创业型体育人才培养观念，并在工作岗位上逐渐细化人才培养标准和教学细则，针对学生的个体素质制定个性化的人才培养方案，重视学生创业精神和创新意

---

① 宋博.创新创业教育融入体育学类本科专业人才培养路径研究[C]//第十一届全国体育科学大会论文摘要汇编.中国体育科学学会，2019：3318-3319.

② 张莉萍.高校创业型体育人才培养研究[J].教育理论与实践，2018，38(15)：18-19.

识的培育，必要时可以引导学生在校期间就开始规划和实施自己的创业项目，为其成为创业型体育人才奠定良好的基础。

（四）深化体育教学改革，争创体育特色

开展创新创业教育，提高大学生的创业能力和实践能力，关键是要加大教学改革的力度，加强实践教学，提高教学质量和学生的综合素质。课堂教学改革的重点是教学内容和教学方法的改革。教学内容方面要注重结合体育专业的特点，把相关的创业知识渗透到课堂教学和实践训练中去，让学生在专业学习过程中学到相关的创业知识，为提高学生的创业素质、创业能力和毕业后的持续发展夯实基础；教学方法方面要坚持因地制宜、大胆创新的原则。教师应当根据施教对象、教学内容灵活地选择培养学生学习积极性和提高学生创业素质的教学方法，以提高课堂教学的质量和效率。在教学改革中，要注重加强和改进实践环节的教学。首先，要合理地安排课时，对某些实用性、技术性较强的课程要保证实践课的课时量；其次，要精心设计实践课的程序和内容，不能随心所欲；再次，教师要加强指导，不能让学生不得其法。创新创业教育的实践教学不能只满足于走出课堂、走出校门这种形式上的改变，更要注重实践的目的性、针对性和效益，不断拓宽实践教学的路径。总之，高校各院系、各部门应根据工作实际，充分发挥各自的优势，利用现有教育资源，把创新创业教育的研究与实践搞得轰轰烈烈、扎扎实实、有声有色。

二、建立科学的体育专业创新创业教育认证制度

学生创业素质测评体系是以学生运用体育知识和技能解决问题的能力为评价对象，以所创业绩为评价指标的测评体系。它既包括书面形式的考核，又包括对实践操作的检验，后者可以通过评价创业方案的设计、创业计划的实施效果等方式进行。根据这两方面的评价，可以将学生创业素质评价分出不同的层次，并以“大学生创业素质证书”的形式进行认证。在创新创业教育中，积极推行以学生创业素质为评价对象的体育专业创新创业教育认证制度，是培养新型创新创业体育人才、引导体育专业创新创业教育向健康方向发展的重要举措。创新创业教育实行认证制度有利于完善学生的知识结构和能力结构，必将成为规范与评价创新创业教育是否适应经济、社会及市场

发展的重要举措。①

(一)建立科学的创新创业教育激励机制

为了建立科学的创新创业教育激励机制,应将学院创新创业教学管理水平、创新创业课程(项目)开设数量、学生对创新创业教育的参与度等作为学院教学工作绩效考核的重要指标,并将考核结果与学院资源分配直接挂钩,构建学院党政领导创新创业教学质量责任制。对在创新创业教育中做出突出贡献的教师和教学团队要大力表彰、奖励、引导,并培育一批自主创业典型团队。学校还要将教师创新创业教育课程培训工作量和创新创业过程指导工作量纳入教师年度工作量考核中,并对教师指导的优秀创业大学生和团队给予奖励。

(二)建立可行的创新创业教育服务体系

为了鼓励大学生创新创业,各级政府相继出台了企业注册、贷款、税费等方面的优惠政策,但这些政策在操作流程、优惠程度、导向领域等方面还不能完全适应大学生创新创业实际,必须进一步完善创新创业教育服务体系。首先,要为体育专业大学生创新创业提供创业项目、创业资金、创业导师、创业资源、创业政策等信息咨询服务,强化学生的创业意识。其次,要组织专家负责对创业项目进行评审,协助创业团队办理工商注册、税务登记,组织对外宣传最新成果,对外承接各类课题和业务,做好帮助成熟的创业团队联系地方创业基地等实际工作,避免工作浮于表面,纸上谈兵。最后,要真正解决大学生创业资金问题,建立良好的风险投资机制,积极探索利用技术、专利、知识、信用等融资渠道来争取创业基金。政府“种子资金”的投入,也会或多或少吸引一定社会资金跟进,形成政府资金的杠杆效应,从而放大大学生创业投资资金规模,真正解决“融资难”问题。

(三)推行职业资格证书制度,拓宽创新创业教育渠道

随着社会的发展和劳动力市场的调整,目前存在的单纯强调学历文凭的就业观念将逐步得到纠正,学历、技能并重的就业观念将逐渐被社会认可。体育类院校培养的大学生,就业岗位逐步偏向应用性、技术性、服务性岗位。

---

① 罗美萍.我国高校大学生创业教育的现状及对策[J].浙江工商大学学报,2006(2):74-78.

同时，社会对体育从业人员更讲求适用、效率和效益，要求应聘人员能力强、上岗快。这些情况都要求体育类院校大学生在校期间就要完成上岗前的职业训练，具有独立从事某种职业工作的能力。

在创新创业教育中，积极推行大学生职业资格证书制度，实行学历证书与职业资格证书并重制度，是培养创业型人才的重要举措。近几年来，体育类院校积极推行本科在读学生的保健推拿师、运动营养师等职业资格培训和鉴定，让学生在进入社会前接受职业培训，掌握相关操作技能和要领，并根据学生技能水平授予职业资格证书。职业资格证书对完善人才的知识—能力结构的评价发挥了日益重要的作用，正成为现代社会规范专业人才、劳动者职业行为的标准，同时也将成为规范与评价教育教学是否适应经济、社会及市场发展的重要标准，将引导学校的课程设置和培养计划更好地满足创新创业人才培养的需要。

我国体育专业创新创业教育任重道远，我们必须进一步研究、探索和完善体育专业创新创业教育体系。只有从经济社会发展的大背景出发理解体育专业人才培养的深刻含义，我们才能抓住体育专业创新创业发展机遇，迎接发展过程中的挑战。

三、加强体育人才创新创业文化宣传

加强体育人才创新创业文化宣传应做到以下几点。

首先，要让体育专业学生正确认识和理解创新创业教育的内涵。创新创业教育是一种全新的教育理念和教育实践活动，其核心是培养学生的创新精神和创业能力，使学生具备创新创业的基本素质，但是创新创业教育不是要求学生在读期间就开始创业或者毕业后马上自主创业。

其次，要转变体育专业教育的传统理念，将创新创业教育理念融入体育专业教育当中，将创新创业教育纳入体育专业人才培养主渠道，树立学生就业与创业并重、自主创业是实现自我价值的重要途径的全新理念。

最后，要开展丰富多彩的创新创业教育实践活动，如邀请知名企业家或校友举办创新创业讲座或论坛，为广大学生现身说法，鼓励学生走创新创业之路，充分发挥成功创业者的示范效应。要积极开展以创新创业为主要内容的第二课堂活动，如创新创业项目竞赛、企业管理模拟大赛、创业沙龙等，培养学生的创业兴趣，增强学生的创业体验，使学生更好地掌握创新知识和创业技能，将创新创业教育与假期社会实践、毕业就业指导、职业生涯规划结合起来，为体育专业学生谋求更加广阔的就业天地。

第二节　高校层面：促进体育人才创新创业教育的升级发展

一、创新创业教育与专业教育相融合

为深入贯彻落实教育部《普通本科学校创业教育教学基本要求（试行）》文件要求，体育类院校应开设"创业基础"必修课程，努力拓展相关选修课程，形成具有体育特色的创业课程群，借鉴国外成功的创新创业教育做法和经验，着力培养学生的创业意识和创业能力。课程教学大纲的制定力求符合学生的专业发展方向和人才培养特征，对教学内容、方法、手段的选择充分考虑体育类院校学生的特点和不同专业学生的特色，做到与时俱进，兼顾普及性、创新性和实践性，使创新创业教育课程生动多彩，在有效吸引学生积极参与的同时不断提升学生的创造性思维水平，促进人才的培养。①

（一）创新创业教育融入专业教育，是新时期培养创新创业复合型人才的重要环节

对体育专业学生而言，专业教育是创新创业教育的前提和基础，创新创业教育是专业教育的拓展和提升，二者缺一不可。因此，现阶段积极推进创新创业教育与专业教育融合、完善融合机制刻不容缓。

一是树立"以学生为中心，以能力提高为根本"的高标准培养目标。这决定了创新创业教育要贯穿体育专业教育始终，从鼓励学生担任赛事志愿者、参与策划校内运动会、组织开展户外活动等入手，逐步培养和提升学生的创新意识和创业能力。并且要根据专业教育阶段性的任务要求和学生的择业意向，科学合理地设计创新创业项目，循序渐进地推进项目的实施。二是在

① 魏玉平．体育院校创新创业育人机制探索与实践[J]．当代教育实践与教学研究，2019(16)：114-115．

课程选择上要逐步加大创新创业课程的比重，使专业课程与创新创业课程两大课程板块，既自成体系，又相互融合，以突显专业特色，构建特色课堂，增强理论与实践的结合程度，从而使学生学会运用经济学、管理学等学科的基本理论诠释体育经济现象，开发设计体育商业活动，制订体育产品营销方案等，以提升创业的有效性。在体育专业课程的安排上，要依据学生今后不同的发展需求有所侧重，即实行本硕衔接的学术导向型和提高专业技能水平的就业导向型的分层教学。三是在课堂教学上充分利用多媒体、网络远程教学等现代教学手段，以及翻转课堂、慕课等多种教学形式，激发学生学习的兴趣和探索知识的热情。在基础教学环节中逐步渗透创新创业思想、理念和流程，争取实现"专业＋创业"同步效果最大化，创造学生综合实力得以稳步提升的创新创业优质教学生态。①

（二）修订培养方案，优化课程体系

不同高校在办学历程、办学定位、优势学科和专业服务对象方面都是不同的。在创新创业教育融入体育人才培养过程中，体育类院校应立足于本校特色，进一步优化课程体系。创新创业教育的目的是激发学生的创新创业精神和动力。目前，相应的管理体系如创新创业课程学分制度、创新创业实践学时转换制度还需进一步完善。学校应对有创业意愿和能力的学生制定特殊的培养方案，实施相应的措施和政策，在创新创业教育过程中，对学生的实验、论文、发明等成果进行档案记录和成绩转换，并从各个角度为学生优化课程体系。首先，高校应当结合体育专业创新创业教育配套教材中的内容，组织和设计一定的创业实践活动，实现理论课程与实践课程的有效结合，让学生加强对创业基础知识的理解和掌握。其次，高校可以定期组织学生参加第二课堂活动，营造良好的创新创业人才培养氛围，通过社团组织等开展一些创新创业基础性实践活动，激发学生对创业实践的参与兴趣和热情。最后，高校要做好创新创业教育的社会性延伸，组织一些社会调研和案例教学，让学生到创业成功的企业参观实习，并根据社会需求进行体育用品的设计、营销，模拟健身俱乐部的论证、选址、筹备、营运等。这样的实践教学活动更有助于学生创新精神和创业能力的培养。

① 苗春竹，徐海心，荆立新，等．创新创业教育与高校体育经济与管理专业人才培养融合策略[J]．哈尔滨体育学院学报，2020，38(5)：64-69．

（三）突出实践教学环节，强化学生能力培养

实践教学环节是实现人才培养目标的重要环节，对培养学生理论联系实际的能力、树立实事求是的科学学风、提高实践技能和技术水平以及增强解决实际问题的能力等具有重要作用。高校应将教学组织形式从单一的课堂教学活动扩展到学生自学活动、科研活动和实践活动中去，扩展到社会生活中去，在见习、实验和实习中培养他们的创造性思维和创新能力。高校还应建设学生创新实践基地和创业孵化基地，积极培养大学生创业意识并鼓励大学生开展科研活动和创业活动。立足创业与专业相结合，梳理出与创业紧密关联的专业，围绕创业要求构建教学体系，增加有关创业的延伸性课程，丰富教学内容。在课程目标上，以新的创业型人才质量标准和培养目标为导向，加强课程体系、结构和内容的改革，努力培养既能就业又能创业的实用型、复合型人才。

二、完善创新创业教育与专业教育师资融合机制

当前创新创业教育师资短缺的问题，已成为阻碍创新创业教育深入发展的重要因素。一方面，为解决体育专业教师创新创业知识和能力不足的问题，高校可通过与体育类俱乐部、企业、社会组织等单位合作，利用假期时间举办创业系列培训，或引入具有创新创业经验的成功创业者为教师团队授课，帮助专业教师系统地学习创新创业理论和开展创新创业实践，并设定相应的考核条件和标准，以激励专业教师提升自身创新素养和创业能力，从而建设一支高水平、高质量的创新创业师资队伍；另一方面，高校可以大力推行双师指导制，即由专业教师与“双创”教师互相配合、共同指导，发挥各自所长，共同致力于为体育专业学生提供良好的创新创业人才培养环境。此外，高校还要根据创新创业政策环境的变化，结合专业教学重点和创新创业的具体要求，对引进的客座专家和企业人员进行适当的教学能力培训，以提高其课程讲授水平，增强创新创业教学效果，从而完善创新创业师资的知识结构和扩大创新创业师资队伍规模。

（一）强化师资建设，完善管理机制

一方面，在学校内部成立以学校领导牵头的各级工作组，充分发挥指挥棒的作用，通过确定明确的改革方向，实现各级部门在创新创业体育人才培

养中的力量联合，使各工作组之间相互形成合力，推进创新创业体育人才培养的落实；另一方面，在培养体育人才的过程中，将增强创新创业素质纳入体育人才重点培养目标，建立有利于完善体育人才培养目标、培养学生的创新创业兴趣、提升教师教学服务能力的管理机制。

（二）建立创业型体育人才的教育管理机制

基于当前很多高校体育专业创新创业教育相对混乱与滞后的现状，高校需要尽快建立起相对完善的创业型人才教育管理机制，让创业型体育人才的培养尽快走上规范化、科学化的轨道。首先，高校应当建立专门的创新创业教育管理部门，统筹负责各个专业的创新创业教育工作，制定创新创业理论教育与实践教育计划。其次，教育管理部门要针对体育专业教学的实际，多组织和设计团队创业实践项目，将学生体育专项素质和创业素质的培育有机结合起来，让创业型体育人才的培养方案更加完善。再次，高校要尽快完善创业型人才培养评价机制，细化创业型人才的培养标准，建立教师评价与学生自评相结合的评价模式，更好地激发学生的创业意识和创业精神，促进体育专业学生综合素质的全面发展。最后，高校还应当完善与创新创业教育相关的各项制度，让创新创业教育有更加完备的制度依据。

（三）加快创新创业教育师资队伍的建设

基于创业型体育人才的培养需求，体育类院校要加快创业型教师队伍的建设，尤其是在体育教师队伍内部，要鼓励教师从事与创新创业教育相关的研讨活动，丰富创业知识，提升创业能力，使其能够面向学生开展有效的创新创业教育。对于创业型教师队伍的建设，要坚持“走出去”和“请进来”相结合，多开展校际合作、校企合作、国际合作，学习其他高校在创业型人才培养方面的成功经验，学习创新创业教育的新方式、新方法。此外，高校还可以邀请一些创业成功人士作为创新创业教育兼职教师或创业实践指导教师，让学生近距离地聆听他们的创业经历，学习他们的创业经验，提高自身的创业综合素质。

三、加大创新创业教育与专业教育实训融合力度

为解决高校创新创业教育实训基地的不足，进一步推进创新创业教育与专业教育的实训融合，高校应大力打造线上线下“实体化＋虚拟化”的综合实

训基地。线下实体化实训基地，主要是指为学生提供创业场所和创业环境的校内外创新创业实训基地、创新创业孵化基地、创业教育园、创业展示区等。而线上虚拟化的实训基地，则是指运用电子信息技术搭建的网络实训平台，它是实体化训练基地的延伸和拓展。建立专业性创新创业网络平台，不仅可以解决实训基地数量不足的难题，而且不受地域的限制，可以实时开展或重复进行创新创业教育与专业教育的指导、培训、实操和演练，有利于帮助学生科学选择创业项目，研究创业的可行性，逐步将创新创业想法向现实推进，提高创业成功的可能性。此外，电子虚拟实训平台还可以创建多种企业环境，学生可以根据自身专业需求和兴趣爱好进行选择。网络化的空间为全体在校生提供了全覆盖的高效创业运营实训基地，创造了范围更广、形式多样的创业实训机会。

（一）发挥专业优势，整合校友资源

高校应注重不同专业的特殊性和差异性，充分发挥自身学科优势和专业办学特点，以优势专业为龙头带动整体专业人才培养。通过搭建交流平台、构建校友文化等形式对校友资源进行整合，逐渐在校友中形成共同体意识。通过聘请优秀校友分享创业经验、搭建创业智库、指导生涯规划等，激发学生创新创业动力。

（二）加强体育创新创业实践基地建设

高校应为学生建立创新创业实践基地，为学生提供创业实战演习场所，强化实践教学环节，努力培养学生的创新实践和创业实践能力。根据体育类院校专业设置情况，制订周密的创业培养计划，通过创新创业实践活动，鼓励广大学生在不影响学习的情况下利用周末及业余时间创立一些投资少、见效快、风险小的实体机构，培养学生自立自强的创业素质、艰苦奋斗的创业精神和适应社会的能力，增强学生的创业体验，帮助学生熟悉社会环境，改善社会交往状态。通过策划体育培训项目、组织学生社团和沙龙、设计大型体育活动、申请科研或学术研究项目等，使不同体育专业和具有不同特长的学生均可为将来的创业积累有益经验。高校还应为创新创业实践基地建设配套设施。体育产业对场地器材的特殊要求决定体育专业学生的创业不可能走创业孵化园的道路，创业孵化园不大可能容纳大大小小的运动场地。目前，体育资源相对丰富的是政府体育职能部门、学校和街道社区以及从事体育产业

的企业，建议由政府、学校、社区、体育企业多方合作，将体育产业创新创业与全民健身结合起来，建立体育产业创新创业基地，为准备创业的体育专业人才提供场地、技术和公共服务等。

（三）依托创业基地，形成浓厚的校园创业氛围

高校体育专业在实施创新创业教育的过程中，可推行校企联合的模式，在企业内部创立学生创新创业实践基地，学校本身也可以结合本校实际创办一些经济实体，为学生提供创业实习场所和创业孵化基地。体育专业负责人应根据专业设置情况及社会发展需要，制订周密的创业培养计划，鼓励和引导学生创业。可以开展科研竞赛、创意大赛，或开设创业讲座、邀请创业者现身说法，也可专门举办创业培训班，培养学生的动手能力和创新思维，尽可能地为学生提供多方面的帮助。创业文化作为一种文化力，要求学校及相关部门主动增加投入改善软硬件环境，为学生创新创业提供信息咨询服务，营造良好的校园创业文化氛围，采取措施强化大学生创业意识，逐步建立完善的大学生创业服务体系。

（四）依托学生社团建设，探索创新创业教育新模式

学生社团建设在创新创业教育中具有重要的作用。大学生社团是学生根据共同的兴趣和爱好自愿组成的，学生社团在加强校园文化建设、锻炼学生自主能力、提高学生综合素质、引导学生适应社会方面都有着不可替代的作用。更重要的是，大学生社团具有目标驱动性、组织动态性的特点，有利于学生创业意识和素质的培养。近几年来，我们结合专业特点组织了各种社团，如运动减肥社团、运动医务监督社团、运动心理社团、体质研究社团等，专门邀请有经验的教师担任社团顾问。社团教学把对学生动手能力的培养放在首位，从中培育学生勇于探索、敢于创造的创新精神，培养学生的协作意识、团队精神和创业意识。学校每年举办社团技能竞赛，评选单项技能标兵，对表现突出的社团和社团骨干进行表彰，以激活社团的活力，促使社团建设科学化，促进社团工作稳步开展。

（五）打造专业化创新创业服务中心，提供一站式服务

在创新创业课程教育和第二课堂活动之外，还要提供大学生创新创业扶持措施对之前的工作做有效衔接，促进学生创业项目的落地生根。大学生创

新创业项目扶持措施，对于项目真正落地和学生个人成长都至关重要。有效的扶持措施能够促进项目落地开花，带动大学生创业，促进社会发展；无效的扶持措施不仅阻碍项目实施，更会打消很多创客的积极性。学校应打造专业化的一站式创新创业服务中心，为大学生创业者提供免费的场地设施、工商注册服务、运营指导、资源对接以及个性化咨询服务等。伴随着创新创业热潮的兴起，很多专业的大学生创业项目孵化公司应运而生。高校可以结合自身情况与专业的大学生创业项目孵化公司等开展合作，也可以自己培养专门性人才扶持大学生创新创业。体院类院校应不断完善体育专业创新创业服务体系，设立体育专业学生创业投资基金。创业投资基金的设立不仅可以助推学生的创业实践，而且在一定程度上能够引导学生的创业方向。创业投资基金可以通过政府、学校、企业多方筹集，用于资助学生创业项目的启动，基金的具体使用可以参考专业风险投资机构评估后给出的建议。

第三节　个体层面：不断提升自身创新创业综合素质

一、深化思想认识，增强紧迫感、使命感

在高校体育专业中，开展大学生创新创业教育是适应大学毕业生就业制度改革新形势的迫切需要，是深化高等教育改革、提高大学生综合素质的一项重要举措，是实现大学生可持续发展目标的重要途径。当前，首先要使师生充分认识到开展创新创业教育的重要意义和必要性。要通过深入的教育和讨论，帮助师生排除思想障碍，提高认识，达成共识；要通过多种形式的教育活动，使广大师生正确认识和妥善处理创业与学业、创业教育与创新教育、创业与就业的关系。其次，要建立和完善激励机制，增强师生参与创新创业教育的积极性、责任感和使命感。对在创新创业教育中表现突出，创业意识强、创业素质好的学生要大力宣传、表彰和扶持。再次，要进一步增强师生的创业意识。教师的创业意识不强，就不会主动地去研究创新创业教育的方法与途径，也不会积极地丰富自身的创新创业教育知识，也难以将自己积累和

掌握的创业知识、创业理论、创业能力融汇到课堂教学内容中去。学生的创业意识不强，就不可能自觉自愿地参与创新创业教育活动，不可能主动地去抢抓机遇、实现自己的创业理想，也无法提高自身的创业能力和创业素质。因此，学校要把对创业意识的培养贯穿于学校创新创业教育活动中，不断提高师生的认识，使之积极投入创新创业实践中去。

二、积极营造体育专业创新创业的良好氛围

各高校定期组织各种体育专业竞赛、科研活动、创业设计竞赛活动等，有利于锻炼和提高学生的观察力、思维力、想象力和动手操作能力，同时竞赛中选拔出来的应用性强的成果，可以通过改进、提高、推广最终走向产业化，有利于造就浓厚的科技创新和创业氛围。因此，各个高等体育类院校应该经常开展体育创业竞赛、创业交流和创业讲座等丰富多彩的活动，把创新创业教育当成学生成长成才的大事来抓，主动与体育相关部门联姻，牵线搭桥，让学生的创业活动得到相关部门的支持，使学生的创业成果尽快产业化。体育专业学生也应积极参与到这些活动中去，激发自己创新创业的欲望，努力增长创新创业本领，共同营造创新创业的良好氛围。创新创业教育是一个系统工程，需要学校和社会各方面加强互动，需要学生积极响应。它既是一项科研工作，又是一项教育改革，既需要专门的理论研究，更离不开大胆的探索和反复的实践，需要高等体育类院校师生的积极参与、各方面的紧密配合。我们相信，只要我们大家扎扎实实地工作，认认真真地研究，创新创业教育必将取得丰硕的成果。

三、树立正确的创新创业教育观念

创业教育从根本上讲是一种创新教育。创新创业教育不仅是教育内容的更新、教育方法和手段的变革，而且是教育功能的重新定位。它更多地着力于引导年轻一代学会组合社会资源，进行自主创业，创造新的产品、服务和岗位。目前，体育专业大学生毕业后愿意从事的多是体育教师、教练员等传统工作岗位，缺乏从事多种职业和自主创业的准备。就业思想的落后导致他们不注重自身综合素质、学习方法、创新意识、实践能力的培养。但是未来的体育类岗位更多的是前人未涉足的新型岗位，必须由具有创新意识和创业能力的体育人才来开拓，学生只有树立创新创业的思想，才能够在更高层次和更广领域发展自己。此外，不能把创新创业教育简单地理解为做生意、办公

司等，要认识到创新创业教育是生存的需要，是塑造辉煌的人生、实现自我价值的需要。

创新创业体育人才的培养是高等体育类院校可持续发展的重要保证。创新创业体育人才可持续发展体系应包括体育专业知识和技术的可持续发展、创新创业能力和潜力培养的可持续发展、科学文化素养的可持续发展、健全人格塑造的可持续发展和政策支持体系的可持续发展五个子系统，五个子系统在数量、质量、时间三个维度中均衡发展，才能保证创新创业体育人才的可持续发展，以及体育事业和体育教育的可持续发展。因此，高等体育类院校要充分利用现有的基础资源，调整教学训练、管理体制，加强理论与实践结合研究，改革教育模式和运行机制，保持以人为本、可持续发展的培养理念，建立创新创业体育人才培养链；要把握好创新创业体育人才培养的规律和社会对人才全面发展的需求，解决好人才“进口”与“出口”的矛盾；指派教师到教育发达地区去学习、观摩，加强兄弟院校之间的教学交流，提高教师的执教能力和业务水平，使他们在今后的教育工作中更加重视创新创业教育，进而推进高等体育类院校创新创业教育的可持续发展，促进创新创业体育人才的持续培养。高等体育类院校相关领导、国家相关部门对学生创新创业要予以高度重视，积极采取有力措施，全面规划，健全制度，加大资金投入力度，为高等体育类院校学生创新创业提供政策支撑和经费保障，保证创新创业体育人才的可持续发展。

References

参考文献

[1] 刘振忠. 京津冀协同创新创业型体育人才培养研究[M]. 上海：复旦大学出版社，2020.

[2] 廖金琳，李长沙，林锦福. 知识失业境遇下体育院系创业教育体系的构建[J]. 吉林体育学院学报，2012，28(1)：32-34.

[3] 朱雄，徐伟宏. 体育产业创新人才培养模式研究——以武汉体育学院研究生创新创业培养基地建设为例[J]. 体育研究与教育，2015，30(1)：62-65.

[4] 李荣娟，田雪文，陆碧琼，等. 健康中国战略背景下体育产业兴起及“复合型”体育人才培养模式探讨[J]. 山东体育科技，2018，40(5)：9-12.

[5] 陶丽丽，韩羽，林月. 基于创新创业的体育产业人才供需现状分析[J]. 产业科技创新，2019，1(18)：15-16.

[6] 吕圆苑. 我国体育院校体育创业人才培养途径的研究[D]. 上海：上海体育学院，2011.

[7] 蔡晓卫. 大学生创业法律制度：立法理念、模式和体系[J]. 中国高教研究，2019(1)：104-108.

[8] 路洋. 浅析大学生创业的法律制度保障[J]. 法制与经济，2014(14)：114-116.

[9] 曾凯欣. 论大学生创业权益的法律保障[D]. 长沙：湖南师范大学，2012.

[10] 赵和勋. 支持我国创新创业税收优惠法律制度研究[D]. 绵阳：西南科

技大学，2018.
[11] 陈益纯. 促进大学生创业的公共政策研究[D]. 汕头：汕头大学，2011.
[12] 茹秋平. 我国大学生创新创业政策研究[D]. 广州：华南理工大学，2019.
[13] 刘少华. 试论高校基层党建工作的创新与实践[J]. 前沿，2018(3)：49-52.
[14] 李慧. "互联网＋"背景下高校党建工作创新探究[J]. 世纪桥，2017(7)：58，96.
[15] 刘玉凤. 美国高校创新创业教育机制和发展路径研究[J]. 黑河学院学报，2019，10(6)：18-19，35.
[16] 陈诗慧，张连绪. 大学生创新创业教育的国际模式、经验及借鉴——基于美国、德国、日本等三国的比较[J]. 继续教育研究，2018(1)：115-120.
[17] 周蕾. 论美国高校创业教育对我国高职院校岗位型创新创业人才培养的启示[J]. 黑龙江畜牧兽医，2017(2)：262-264.
[18] 肖玲，孙道进，祝青山. 高校科技创新创业的典范——美国斯坦福大学案例分析[J]. 淮阴师范学院学报(哲学社会科学版)，2005(4)：432-434，443.
[19] 包水梅，杨冬. 美国高校创新创业教育发展的基本特征及其启示——以麻省理工学院、斯坦福大学、百森商学院为例[J]. 高教探索，2016(11)：62-70.
[20] 张莉，张晓璐，王少红. 对世界著名商学院创业管理课程的研究及启示——以美国斯坦福大学商学院及百森商学院为例[J]. 中国商界(上半月)，2009(5)：162-163.
[21] 杨娟. 英国高校创业教育拾记[J]. 中国大学生就业，2008(4)：42.
[22] 范禹. 英国高校创业教育的成功经验及启示[J]. 宁波教育学院学报，2019，21(3)：14-18.
[23] 张国峰，樊增广. 英国高校创新创业教育发展与启示[J]. 中国冶金教育，2020(2)：75-78.
[24] 刘士祥，朱兵艳. 地方高校融入区域发展机制与路径——基于国外高校政策与实践的视角[J]. 河北联合大学学报(社会科学版)，2014，14(1)：73-76.

[25] 张鹤.高层次国际合作研究促进商科教学的创新性改革——中国农业大学国际学院冯伟哲副院长谈英国首相行动计划支持的中英高校合作[J].世界教育信息,2010,24(9):23-26.

[26] 彭峰.产学研合作教育与创新创业人才培养:以沃里克大学为例[J].高教学刊,2016(3):25-27.

[27] 李南,陈云兰.英国高校创新创业教育发展经验及启示[J].智库时代,2018(33):243-244,257.

[28] 陈江.日本高校创业教育:历史演进、发展特征和经验启示[J].现代教育科学,2017(1):150-155.

[29] 李志永.日本高校创业教育[M].杭州:浙江教育出版社,2010.

[30] 张昊民,陈虹,马君.日本创业教育的演进、经典案例及启示[J].比较教育研究,2012,34(11):49-54.

[31] 潘燕萍.从"自上而下"向"创业本质"的回归——以日本的创新创业教育为例[J].高教探索,2016(8):49-55.

[32] 闫佳祺,关晓丽.美国、英国和日本高校创新创业体系的多案例研究及启示[J].当代教育科学,2015(21):48-53.

[33] 庞世佳,蒋春洋,高云.日本高校创新创业教育的剖析与借鉴[J].高教学刊,2015(21):12-13.

[34] 胡万钦,户可英.美国日本大学生创业教育比较分析[J].黑龙江高教研究,2015(5):51-53.

[35] 刘双喜,郑越.日本高校创新创业教育的发展及其启示[J].河北农业大学学报(农林教育版),2017,19(6):28-32.

[36] 朱文玉,李汝敏.日本高校创新创业教育及对我国的启示[J].教育探索,2018(04):121-125.

[37] 吴达飞,江一帆.日本"产官学"创新创业模式的启示性研究[J].襄阳职业技术学院学报,2020,19(1):47-50.

[38] 焦健,沈亚强.美国、德国高校创新创业教育的发展历程、特点及启示[J].河南科技学院学报,2016,36(12):49-52.

[39] 张玉,周强,李福华,等.国外创新创业教育对我国的启示——以麻省理工学院和慕尼黑工业大学为例[J].中国高校科技,2017(3):59-61.

[40] 余文冲.德国经验对我国应用型高校创新创业教育的启示[J].农家参谋,2019(6):214.

[41] 陈诗慧,张连绪.大学生创新创业教育的国际模式、经验及借鉴——基于美国、德国、日本等三国的比较[J].继续教育研究,2018(1):115-120.

[42] 黄一涛.美国、德国、加拿大创新创业教育发展特征及启示[J].职业技术,2018,17(4):25-28.

[43] 朱佳妮.追求大学科研卓越——德国"卓越计划"的实施效果与未来发展[J].比较教育研究,2017,39(2):46-53.

[44] 程培岩,刘淑芳,王丽娟,等.典型发达国家高校创新创业教育产学研合作模式的研究与借鉴[J].山西高等学校社会科学学报,2020,32(10):61-66,71.

[45] 李建勋,夏建中.德国 FH 模式对中国创新创业人才培养的启示[J].创新创业理论研究与实践,2018,1(14):72-75.

[46] 邓晓亭.我国体育院校研究生创新创业教育现状及对策研究[D].广州:广州体育学院,2018.

[47] 黄兴国.高等体育院校体育类大学生创业问题及对策的研究[D].成都:成都体育学院,2017.

[48] 程彬.体育专业大学生创新创业教育现状、存在问题及对策研究[D].烟台:鲁东大学,2019

[49] 王世强,肖刚,盛祥梅,等.我国体育院校创新创业教育的实施困境和应对策略[J].体育科技,2020,41(4):98-99,101.

[50] 钟菁,吴昊峰.我国体育院校大学生创新创业现状调查与思考[J].当代体育科技,2020,10(13):215-216.

[51] 蓝敏萍,杨颖,何培.基于 OBE 的体育高职院校创新创业教育路径探析[J].高教论坛,2020(7):92-97.

[52] 刘铭.基于创新创业教育的体育专业实践教学模式改革与创新研究[J].当代体育科技,2020,10(14):3-4.

[53] 李克敏,苌庆辉,崔凯峰.体育创业研究的知识图谱分析:基于 1991—2015 年的数据[J].天津体育学院学报,2016,31(3):185-190.

[54] 王继健,陈华锋.依托高校体育资源开展体育学生创新创业教育的探究[J].当代体育科技,2017,7(8):182,184.

[55] 刘振忠,哈增红,王芳,等.高等体育院校创新创业教育现状及对策[J].河北体育学院学报,2009,23(4):32-35.

[56] 杨莹.体育大学生创新创业教育发展路径研究[J].当代体育科技,2016,6(9):106-107.

[57] 曾尔雷.高校创业型人才培养的路径选择[J].中国大学教学,2011(6):26-29.

[58] 吕圆苑.我国体育院校体育创业人才培养途径的研究[D].上海:上海体育学院,2011

[59] 朱峰,张健.大学生创新创业教育体系的构建与思考[J].中国高校科技,2017(8):83-85.

[60] 苏正斌,吴昊峰.体育类院校大学生创新创业意愿的现状调查与对策分析——以上海体育学院为例[J].当代体育科技,2020,10(8):243-244.

[61] 崔伟.关于体育院校大学生创新创业现状调查及建议——以沈阳体育学院为例[J].渤海大学学报(哲学社会科学版),2017,39(4):126-129.

[62] 许朝阳,李蕾,高新友,等.体育院校大学生创新创业教育面临的问题与对策——以西安体育学院为例[J].新西部,2019,(21):52-53.

[63] 缪园园.影响体育类大学生创新创业能力因素的分析——以上海体育学院为例[J].当代体育科技,2017,7(19):149-151.

[64] 苗春竹,徐海心,荆立新,等.创新创业教育与高校体育经济与管理专业人才培养融合策略[J].哈尔滨体育学院学报,2020,38(5):64-69.

[65] 张莉萍.高校创业型体育人才培养研究[J].教育理论与实践,2018,38(15):18-19.

[66] 张道清,吉玉良.试论高校社会体育专业创业教育体系的构建及实施策略[J].湖北体育科技,2014,33(11):1019-1020.

[67] 张明俊.体育专业大学生实施创业教育的对策与思考[J].许昌学院学报,2012,31(5):136-138.

[68] 杨玲,周成林,陈佩杰.体育学院开展创业教育的实践与思考[J].哈尔滨体育学院学报,2007(4):24-25.

[69] 魏玉平.体育院校创新创业育人机制探索与实践[J].当代教育实践与教学研究,2019(16):114-115.

[70] 高虎子,张文.应用型地方院校促进县域经济发展的路径研究[J].北华航天工业学院学报,2018,28(06):25-27.

[71] 李越超.体育院校大学生职业生涯规划与创业指导[J].人力资源,2020

(18):100-101.

[72] 王继健,陈华锋.依托高校体育资源开展体育学生创新创业教育的探究[J].当代体育科技,2017,7(08):182,184.

[73] 纪丽娅.互联网+时代大学生创业存在问题及对策研究[J].知识经济,2017(21):124-125.

[74] 朱峰,张健.大学生创新创业教育体系的构建与思考[J].中国高校科技,2017(08):83-85.

[75] 刘旋,王秋月.高等体育院校创新创业人才培养实践路径研究[J].天津市教科院学报,2016(04):25-27.

[76] 胡玲,杨博.高校创新创业教育生态体系构建研究——以北京地区13所创新创业典型经验高校为例[J].高等理科教育,2020(05):26-35.

[77] 喻爱梅.中职学校加强创业教育的现实选择[J].中小学心理健康教育,2018(18):37-39.

[78] 崔伟.关于体育院校大学生创新创业现状调查及建议——以沈阳体育学院为例[J].渤海大学学报(哲学社会科学版),2017,39(04):126-129.

[79] 罗美萍.我国高校大学生创业教育的现状及对策[J].浙江工商大学学报,2006(02):74-78.

[80] 苗春竹,徐海心,荆立新,等.创新创业教育与高校体育经济与管理专业人才培养融合策略[J].哈尔滨体育学院学报,2020,38(05):64-69.

[81] 魏玉平.体育院校创新创业育人机制探索与实践[J].当代教育实践与教学研究,2019(16):114-115.

[82] McMullan W E, Long W A. Entrepreneurship education in the nineties[J]. Journal of Business Venturing,1987,2(3):261-275.

[83] Katz J A. The chronology and intellectual trajectory of American entrepreneurship education[J]. Journal of Business Venturing,2003,18(2):283-300.

[84] Klandt H, Volkmann C. Developmentand Prospects of Academic Entrepreneurship Education in Germany[J]. Higher Education in Europe,2006,31(2):195-208.